中国名窑遗址丛书

主编 马骋

宜兴窑

钱伟 吴桥 著

上海大学出版社

图书在版编目（CIP）数据

宜兴窑/钱伟，吴桥著.—2版.—上海：上海大学出版社，2022.3

（中国名窑遗址丛书）

ISBN 978-7-5671-4425-5

Ⅰ.①宜… Ⅱ.①钱… ②吴… Ⅲ.①陶窑遗址—研究—宜兴 Ⅳ.①K878.54

中国版本图书馆CIP数据核字（2022）第034853号

责任编辑　柯国富
技术编辑　金　鑫　钱宇坤
装帧设计　谷　夫

书　　名	宜兴窑
著　　者	钱　伟　吴　桥
出版发行	上海大学出版社
社　　址	上海市上大路99号
邮政编码	200444
网　　址	http://www.shupress.cn
发行热线	021-66135112
出 版 人	戴骏豪
印　　刷	上海华业装潢印刷厂
经　　销	各地新华书店
开　　本	889mm×1194mm　1/32
印　　张	4.5
字　　数	120千字
版　　次	2022年3月第2版
印　　次	2022年3月第1次
国际书号	ISBN 978-7-5671-4425-5/K·251
定　　价	48.00元

总 序

马 骋

我国目前面临着自改革开放以来最难以预料的发展困境,越来越多的有识之士发现,经济发展的实际结果与发展的预定目标正在出现相反的趋势。即经济发展的结果造成了自然环境恶化、贫富差距扩大、弱势群体不断增多、腐败现象蔓延、社会公平正义度严重降低。究其原因,是因为这种"旧式现代化"的发展是一种征服自然、控制资源、社会与个人不和谐的产物,使得许多方面陷入了极度紧张和冲突激变的现实境地,这是让社会与自然付出双重代价的现代性。在这种旧式现代性的推动下,丧失的是整个人类的自由和解放的理想前景。因为社会现代化的目标不仅仅是社会财富的积累和科学技术的提高,其最终目标是促使人的自由和解放。为此,学术界提出了"新型现代性"的概念,即那种以人为本、追求社会正义与公平、社会与个人和谐、社会与自然双盛、人和社会双赢的现代性,以此促进经济的可持续发展和社会向新型现代性的转型(参见王洪伟著《传统文化隐喻——禹州神垕钧瓷文化产业现代性转型的社会学研究》)。在这样的背景下,文化产业发展战略逐渐进入主流社会视野,以优秀民族文化资源带动经济发展战略,陶冶人的情操,提升社会文明程度,形成自然与社会和谐相处、追求人的自由和解放,已成为我国经济可持续发展和社会向新型现代性转型的一种具体运行模式。

当代中国社会已进入大众文化时代,大众文化是以技术工业的形式进行的,即将文化艺术变为文化工业,使得以往的文化艺术创造变成了模式化、流水线似的工业生产,在此意义上,文化艺术品与商品的界限被抹平了,大量的平庸文化产品充斥市场,表现为一味追求感官刺激,以瞬间的满足迷惑大众,将以往历史中一切有价值的东西全部消解,缺失了人文精神。因此,以优秀民族文化资源为依托开发当代文化产业,必须以开放的品格吸收文明遗产的人文内涵,借助一切以往艺术创造的成功经验,遵循文化艺术产品的审美规律,努力提升大众文化产品的精神愉悦性。

在国家统计局发布的《文化及其相关产业分类》这一我国文化产业唯一的官方标准中,将"文化保护和文化设施服务"列入"文化产业",其中明确具体地列出"文物及文化保护",包括"文物保护服务"和"文化遗产保护服务"。

综观世界各文化遗产保护先进国家,对文化遗产的保护已超越了被动消极的维护,在法律规范下,将文化遗产保护进行市场化运作,在文化遗产和文化产业之间已构成了良性互动。在确保文化遗产安全的前提下,让文化遗产借助于相关产业进入市场,并且带动交通、建筑、餐饮、音像、出版等各行业的发展,同时反过来强化了古物的修复和文化遗产的保护。

在我国诸多优秀文化遗产中,古陶瓷无疑是引人关注的,其中与中国(CHINA)同名的瓷器(china)几乎同四大发明一样,成为中国作为文明古国对世界文化的重大影响乃至对人类的贡献。作为一种优秀的文化资源,中国历代诸多著名古陶瓷品种目前正处于三种运行状态:未产业化、逐渐产业化和已经进入成熟的产业化运行状态。其中有些面临着如何进行产业化运作的问题,有些则面临着如何将陶瓷文化产业进行现代性转型,以提升产品的文化附加值和精神愉悦性,提高文化资本向经济资本转换的身价,在文化遗产和文化产业之间构成良性互动。这无疑让我们把探索研究的目光聚焦古陶瓷产地——中国历代名窑遗址。

法国社会学家皮埃尔·布迪厄(Pierre Bourdieu)认为资本有三种形式,即经济资本、文化资本和社会资本。经济资本是经济学理论认可的资本形态,可以直接转换为金钱;社会资本是关系型资本,也可以转换为经济资本;文化资本则泛指任何与文化及文化活动有关的有形和无形资产,在某种特定的条件下,也可以转换成资本。布迪厄又将"文化资本"分成三种形式:第一,身体化形态,表现为精神和身体的持久性形式,如文化、教育、修养而存在;第二,物化形态,即文学、绘画、纪念碑、书籍、机械等文化产品,是可以直接传递的;第三,制度化形态,即将文化资本的身体化形态以制度予以体现,并将其制度合法化。如通过知识与技能的考核,向文化资本身体化形态的个人发放文凭或资格证书等。同时布迪厄还认为,文化资本可以与经济资本实现转换。

借用布迪厄的"文化资本"理论来探索研究中国历代名窑遗址这一优秀文化遗产所包含的文化资源,我们不难发现其文化资本的三种形态分别为:第一,经过"家传"和师徒相传的方式掌握制作、烧制陶瓷技艺的艺匠,即陶瓷文化资本的"身体化形态";第二,历代名窑优秀陶瓷产品及产品工艺特征(具体包括原料与成形、器具与机械、窑具与烧成、胎釉与装饰等等),即文化资本的"物化形态";第三,列入全国重点文物保护名录,具有国家和地方认证、颁发的工艺美术师和工艺美术大师职称荣誉称号评定体系,抑或拥有陶瓷工艺学校乃至大学传授陶瓷技艺的教育,即文化资本的"制度化形态"。

但是作为文化遗产,历代优秀古陶瓷的现代产业开发,除了对传统工艺的发掘、恢复、继承之外,更要提升其产品的文化附加值,促其由文化资本向经济资本转换,除了其历史知名度之外,开掘其文化内涵和阐释其在历史传递中的文化影响力,不仅可以使陶瓷作品的单件价值提升,更重要的是将极大提高优秀古陶瓷在当代文化产业开发、运作中其文化资本向经济资本转换的身价,并提升文化产品的精神愉悦性。

《中国名窑遗址》丛书紧扣文化产业发展战略的时代脉搏,试图通过我国历代著名陶瓷古窑遗址(主要是民窑)的自然环境、各窑场遗存的窑炉遗址、窑具、瓷器、瓷片、烧成工艺等,较系统地还原历代名窑的产品工艺特征以及文化资本的物化形态。同时,通过对历代政治、经济、社会生活、文化形态、审美趣味、文人士大夫的文化品位和雅俗文化的对流等方面的探究,去发现历代著名陶瓷古窑之所以成为一代名窑的人文内涵和文化影响。继而通过对其瓷业经济形态,包括生产规模、流通渠道、对外贸易等方面的考察,从中开掘历代陶瓷名窑在培养文化产业创新人才方面所具有的文化价值和产业价值。这对于探索古陶瓷文化产业的开发、培养文化产业创新人才都有着十分重要的作用。

丛书各卷的研究方法在尽可能汇聚研究成果和文献资料的基础上,对历代名窑窑址进行实地考察,以窑炉、窑具和各窑场发现的瓷片为切入点,系统整理各名窑古瓷产品的器形、釉面装饰、瓷胎、圈足、底款等,从历代名窑名瓷的起点研究产品工艺和烧成工艺;并通过对其形成历史名窑的文化形态、历史和人文环境的研究,阐述研究者对其之所以成为一代名窑及产品的新认知。即试图从微观和宏观的层面上,从历史和现实的纵向联系中去把握研究对象所拥有的文化资本的特质。

是为序。

2011年2月1日于加拿大温哥华"尚古轩"

目 录

- 1 绪论
- 2   第一节 谈论宜兴窑的目的和意义
- 7   第二节 宜兴窑研究的现状和我们谈论的思路

- 13 第一章 宜兴窑与紫砂器概况
- 13   第一节 宜兴地区目前已探明的历代窑址
- 13   一、地理位置与自然资源
- 22   二、陶器烧制的历史沿革
- 26   三、历代窑址分布
- 31   第二节 宜兴窑陶瓷产品的历史源流
- 31   一、宜兴青瓷的历史
- 33   二、欧窑与宜钧产品
- 35   三、紫砂器的发展
- 42   第三节 陶瓷壶产品在中国茶具文化史上的地位

49	**第二章　宜兴紫砂器历代产品与名家**
50	第一节　紫砂器产品与工艺
50	一、明清紫砂壶经典器型
58	二、紫砂壶经典花塑器
62	三、宜兴紫砂器制作工艺、装饰及款识
68	第二节　宜兴紫砂器制作历代名家
71	第三节　紫砂壶的特点与艺术之美
71	一、紫砂壶的特点
73	二、紫砂壶艺术之美
74	第四节　紫砂壶与茶文化
74	一、阳羡茶文化
76	二、明代茶人茶书与紫砂文化
80	三、清代文人与紫砂著书立说
83	**第三章　紫砂产业与紫砂经济**
83	第一节　历代紫砂壶生产营销历史
87	第二节　紫砂器的海外影响与国际贸易
91	第三节　个性化的紫砂泥料生产与销售
93	第四节　紫砂器的消费人群

95	第四章　文化产业视阈中的宜兴窑文化产品
95	第一节　如何看待历史上形成的文化产品
96	第二节　宜兴紫砂文化产品市场发展的经济、政策与法律环境
98	第三节　宜兴紫砂文化产品市场集群模式
104	第四节　宜兴紫砂文化产品市场集群的不足与思考
107	附录　历代紫砂壶的鉴定与保养
107	第一节　紫砂壶作伪手法
108	第二节　历代紫砂壶的鉴定
111	第三节　紫砂壶的保养
113	宜兴窑紫砂器标本图典
131	主要参考文献
132	后记

绪 论

宜兴窑,写下这三个字时内心还是有些惴惴不安的,因为我们为华东政法大学人文学院文化产业管理专业的学生开设的"文博基础"和"文物鉴定实务"等课程,起始就不是从考古专业的高度来要求学生的,只是考虑在常识层面上给学生了解这一行内涵的知识框架以及知识储备。文化产业管理专业学生将要面对的是生机勃勃、日新月异的文化产业的深广市场,其知识面的拓展不容须臾等待,我们觉得不能从理论到理论,而要找到实实在在的对象。

我们从历史文化也就是从古而今传承下来的某些人群的行为模式出发,从国人今天仍常但却源远流长的茶饮模式的变迁出发,逐步缩小到茶事活动中的重要元素紫砂壶及其器用制作作为观察对象。

一是茶饮模式作为中华文明的重要内涵似乎有着永恒的文化生命力,可以说已经内化为民族基因了,而紫砂壶又是近几百年来茶事活动中的重要角色;二是宜兴几乎是紫砂壶的单一原产地,而地理上又靠近上海,便于师生从事连续性的实地考察;三是担纲《文物鉴定实务》课程的沪上文化学者马骋先生,与宜兴有很深的渊源。

种种因素风云际会，促成了我们这个专业的师生连续四年赴宜兴丁蜀镇现场考察，观察紫砂产业链。我们看到了至今窑火熊熊的明代前墅龙窑，也到了黄龙山紫砂泥矿区，目睹了采空形成的宕湖，也看到了封存的四号井上"紫砂之源"的纪念雕塑。看到了叠压的矿层，直接接触了各色紫砂原矿，到炼泥厂粗略接触了整个炼泥过程，到宜兴紫砂工艺厂和一些制作工坊观察工手制作过程和各色泥料与烧制出的试片，直接感受到了紫砂器成型的过程和紫砂泥料呈色与高温的关系。参观了工艺美术大师的工作室，跟当地的制壶高手见面，了解到了同样叫做紫砂壶，但是因不同制作精度产品而呈天壤之别。当然也参观了中国宜兴陶瓷博物馆和陶瓷商城，兴致所至也乘兴购壶，直接把玩到手的不同价位的紫砂制品，每次考察都有认识上的进步。

为了对今后参加考察活动的学生有更到位的指导，师生在课程讨论中对考察所得也进行了有益的交流，渐至于觉得有必要形成一个书面的知识参考类的讲义，来指导今后的教学实践。恰逢马骋先生与出版社有"中国名窑遗址"系列丛书的写作之约，蒙其高谊，也就把计划中的《宜兴窑》的写作任务交给了我们，我们竟然凭一时冲动接受了，之后才发现这是一个很专业的活，真正是勉为其难了。

第一节 谈论宜兴窑的目的和意义

本书主旨在于以宜兴窑业态数千年之变迁作为铺垫，主要以近五百年来紫砂壶异军突起而成国人茶饮文化中重要元素的历史事实作为观察对象，试图以这难得的在如此长的时间跨度中，自然孕育而成的文化产业的业态做一个相对完整的案例探究，来说明文化产业育成之不易，并且探讨同样功能的产品为什么有的被视如拱璧而有的却弃如敝履，所谓文化产品的界限在哪里。

茶文化在唐宋之间臻于佳境，有被誉为茶圣的陆羽的《茶经》以及

《大观茶论》等一系列谈论茶的论述流传至今,并且在今天仍能看到当时这类茶饮模式的辐射痕迹,那就是所谓茶道之类的秀。而物质遗存更是蔚为大观,今人津津乐道的宋代五大名窑的制品几乎都是在为达官贵人口中的那口茶服务,登峰造极者就是宋徽宗。他督造的汝瓷官窑就已经是瓷器史上的绝唱了,今天稍有艺术品鉴赏力的人就算是面对今人的仿品也会怦然心动。元明之际,茶饮模式发生了重大变化,散茶冲泡逐渐成了文人士大夫品茶方式的主流,原先点茶用的执壶逐渐隐退,随时间的淘汰选择,紫砂材质的宜兴茶具特性被真正认知了,紫砂壶也逐渐小型化,并且从仆役之手逐步移到了品茶人手中。又由于紫砂器制作特质形成的、令古今文人销魂的幽然光泽,用器逐渐成了文人眼前手中的赏玩之物了。与宋徽宗督造汝瓷官窑之举异曲同工的是,明清文人与制壶高手联合创意制作产生了大量的所谓文人壶,产品的生产目的已经大大突破产品的单一实用性,成为趋向实用的同时又能赏心悦目的高级工艺品的制作,这就离不开创意了,当时创意的很多款式都是今天流行的所谓经典款式。

  从美术史的角度而言,明清之际,工艺美术文人化始造其极,很多文玩工艺品的制作都顺着文人的品味,迎合着文人的意志。对于制作者而言,产品都是指向一定的消费人群,所以,历史上的很多变化几乎都可以归为利益驱动。最直接地反映文人意志和情趣的是当时文人手中的舞文弄墨的用具,即文房四宝之类,文人手中最注重实用的笔、墨、纸、砚在注重实用性的同时也都强化了艺术鉴赏性。其外还配上了笔山、笔筒、笔洗、镇纸、水注、水盂、墨床、臂搁等,无一不精工细作,有很多看似并未刻意雕琢,但是就是这样简洁的线条极大地体现出当时文人所追求的低调的奢华。当然真正的鉴赏家还是很雅的,当时制成的很多器用都呈现小巧精致温润光滑适于把玩的特色,仍为今天文人雅士所追慕,古今情怀相通;但是大多数赶时髦的只是附庸风雅,对于奢华之风起到推波助澜的作用,甚至于炒作升值做投机性投资,那更是本末倒置了。这也是今天文化产业运作过程中要注意的重要因素,产品文化附加值的体现就在于你是短期掠取还是长期酝酿,华丽的烟云只能遮住一时望眼,温柔深沉绵长一线的甘醇隽永可是陈酒佳酿的特点。

精致的紫砂壶得与盛极一时的文房清玩并列书房重地,亦可见此物不同凡响之功效。明清之际,文房器用之外而能列于书房重地的大概就是紫砂陶器和工艺竹雕了。这两类材质虽朴实无华但是在精巧创意下的作品本身却充分表现出低调的奢华,很大程度上吻合了文人意趣。自从文人意识开始贯注于所有上手过眼的物件开始,几乎所有出自于能工巧匠之手的物件的行款格式都开始呈现文人的品味意趣,以至于直接间接地开始影响整个社会人群的审美趋势,成为时髦、时尚,风靡一时,意识对物质世界的作用通过利益驱动使得物质形态本身开始适应意识,于是艺术的造型在工艺品上得以充分体现。

极端的表现为,工艺品中装饰意味已经凌驾于功用本能之上了,这在当今壶艺界也不乏其例。

禅境逐渐已成文人的自觉追求,这与文人的职责功用吻合,静心凝虑,方能创意构思,环境氛围对身处其中的文人心性影响很大。营造一个适合静心创意的环境是至关重要的,而环境中各种器物的摆设陈列以及款和色的搭配,就是决定环境状态的关键了,款色的不同,营造的氛围差异很大,动静喧寂可能就在点睛之物的款和色。

无论古今,任何人在遭逢身心方面的压力之际,必将通过某种能让他放松一下的调适方式,来使得自己能承受或者干脆能解脱所遭逢的压力。不同时代的生存重压下的士人都会去寻求一种精神载体来助其释放压力。物件儿的流畅线条、简明造型,也许最能引发文人的内心共鸣,加之手感如抚仙骨玉肌顿觉温润可人,爱意荡漾于心。茶和酒也是文人所好,只要不过分,两者确实能让紧张的生活缓释下来,变一种情绪面对世界,身心俱疲之际,稍稍摆开精致的器具,酌饮一番,寻常的饮品顿时成了欢乐的源泉。

正是因为如此,文人一直在追求自己所需要的东西,而不是送上门的一般的制品,这就是文化产业所面对的市场上最重要的消费人群的诉求。能制作的不能产生满足文人需求的创意,有创意的文人没有制作能力,两者合作势在必行,文人与工匠为手中的雅玩进行合作交往传为千古佳话也留下了真正的雅玩。明末文人文震亨所著的《长物志》谈到砂壶时就指出:"壶以砂者为上,盖既不夺香又无熟汤气",并且"规制古朴复细腻,轻便可入筠笼携,山家雅供称第一"。尤其是清代陈曼生与制壶好手杨彭年合作所谓曼生壶,刻词书款,点画山水人物,营造意境,深受时人垂青,贵逾金玉,如今提到紫砂壶仍必称"曼生十八式"或"三十六式"。

　　自从紫砂壶站稳了茶饮文化中的地位,此后不论用还是不用紫砂壶泡茶,国人都知道紫砂壶,而一旦接触紫砂壶,从无知到知,从一知半解到得意忘形,这竟然是一个漫长的学习认知的过程。可以说只要是稍有品鉴趣味的人,一旦走近紫砂壶,就会被各种款式的壶迷住而欲罢不能,直至发展到不是仅仅为了喝茶而用紫砂壶。很大程度上,那些所谓高端客户已经是为壶而来求壶了,几乎与茶饮无关,而有的壶也确实已经不是为茶而生了。

　　目前而言,高端紫砂壶已经差不多独立为一种艺术样式,最起码也是大师级工艺师创意表现的载体了。但是紫砂壶又不可能是纯粹的艺术品,因为其造型还是要符合泡茶的需求,尽管有可能烧制完成后从未泡过茶而几乎成了时尚产品。拥有者无疑也是可以凭此表达出很多内涵的,而创意制作的大师也就是利用了人们对时尚的关注,这种关注是发自内心的原初的欲望,以此作为可能满足欲望的途径。基于这些创意制作的壶一定是会被接受的,而创意也几乎是无往不至的。比如,文人喝茶追求禅意,紫砂壶恰恰是虚中以含茶待泡出味,饮罢出尽茶渣后又回复到虚中以待,真是禅味无穷。

　　各种制作精度、各种档次、各类款和色的"光货""花货"紫砂壶,满足了不同趣味和不同消费档次的需求。在某种程度上来说，紫砂壶就是一种文化产品，其市场培育过程中，借助相对更成熟的茶饮文化之力而逐步成为品茶人手中必有之物，同时也让人们获得品茶兼把玩的不同程度上的精神愉悦。当然也有过于工巧的，如所谓"花货"，稍事肖形仍不失为雅致，但除为了追求逼真的极限表现力，作为实用性的产品而言，过于逼真过于工巧反而妨碍了本意，真的是纯粹的摆设了，艳俗且靡费功夫、价格高昂，甚至于直接就可以视之为奢侈品了。

琢磨着这些渐至于对所谓文化产品的究竟逐渐明朗化了，那些人们张口就在嘴边的影视动漫等以画面内容来对应人的需求的只是文化产品的冰山一角，潜行于水下的才是大头，我们认为任何物件只要是满足功用之外又能愉悦人心的都可以归入文化产业经营范畴。

文人群体相对于社会人群来说虽只是小众，但是由于该人群掌控教育教化的话语权而且又由于经由科举成为运作社会行政权力的人，无形中他们成了社会文化的引领者，风尚时髦，上行下效，虽由于地位财力所限，追风者所得不在一个档次，但是形式是一致的，故有雅俗贵贱之分。而且不知就里的模仿者反而容易保持时髦的热情，原貌保留的时间会很长，以至于吾国有"礼失而求诸野"的古训。

艺术品产生于创意，文化产品产生于文化产业运作，该运作基于对于创意的与社会需求的吻合度的理解，当然在实践中对这个吻合度的认知是逐步获得的，所以超过五百年跨度的紫砂壶的运作实践是必须观察提炼的，这可是难得的文化产业运作的成功案例，而且不是以一家企业作坊的成功为成功，而是以一个产品的成功为成功，这才是文化产业管理的精髓所在。因为一个产品的成功毋庸置疑地印证了所依凭的一种行为模式的成型固化，这种固化定型的行为模式才称得上是"文化"。这一范本的可贵之处还在于，其不自知其在运作文化产业、在生产文化产品，但是其业内确实展现了从低到高各层次的创意推广以及精粗不一的制作，应对了社会上不同层次的需求，高低有序的产品占据了能占据的市场份额,这也是文化产业管理的精髓。

教学之余,偶读明末文人文震亨所著《长物志》得并览其同时人沈春泽序有言:"夫标榜林壑,品题酒茗,收藏位置图史、杯铛之属,于世为闲事,于身为长物,而品人者,于此观韵焉,才与情焉,何也?挹古今清华美妙之气于耳、目之前,供我呼吸,罗天地琐杂碎细之物于几席之上,听我指挥,挟日用寒不可衣、饥不可食之器,尊踰拱璧,享轻千金,以寄我之慷慨不平,非有真韵、真才与真情以胜之,其调弗同也。"虽是序《长物志》的,但是读来恰是针对近日之所谓文化产业之文化产品的界说,该序于文化产品之定义既精准又别具文采,差点就能点今之概念,如此吾侪已苛待古人矣,应该说正如此吾侪方得有言说的空间,这是古人在时间上让与今人的。《长物志》作为明末对于文玩清供诸般物件的百科全书式的描述,全书内容按类别分为12卷,提到紫砂壶的只在第12卷香茗篇茶壶一节,同卷中还有一节谈到荆溪之岕茶,同时也提到所谓雅就应该是"删繁去奢",也是高论。

第二节 宜兴窑研究的现状和我们谈论的思路

几次到宜兴踏访,最深的感受就是此地人表现出的那份自信,什么叫手艺人的自信,国家级大师不用说,不是机缘巧合,连面都见不着。宜兴街头的招贴中有一句话:"世界只有一把紫砂壶,它的名字叫宜兴。"这是来自历史深处的自信,也是真正意义上的软实力的体现。

大师的创意,国家级工艺师的创意和精致制品,民间好手的制品,分别满足了不同消费实力层次的需求。针对如此绵延五百年而仍然窑火不息的实用工艺品,也就是今天所说的文化产品,学界不应该不置一词,但是在文献检索后发现,将其作为文化产品来观察的反倒是明清的一些雅士留下的论著,还有东邻日本也有些记录和论述,而我们一般是将其视作为陶瓷制品来讨论的居多。前一阵还差点重蹈金华毒火腿事件覆辙,若不是多方有识之士的仗义执言,紫砂器这一中国茶文化瑰宝差点蒙尘含冤陷于没顶。

本书还是沿用了明清以来的窑口称法叫做"宜兴窑",翻看近几十年的考古资料,尤其是本世纪初的关于骆驼墩新石器时代遗址的发掘,数千年未息的宜兴窑火的上限提前至距今七千年前。

从发掘报告看骆驼墩遗址有多款盉:平底盉、三足盉等,形制最多的为束颈、垂鼓腹,口多呈喇叭形,有的带流、也有为鸟嘴形流口,盉把手形制多样,最常见的是"丫"字形或泥条对捏而成的扁环形把手。①

我们从训诂的角度推说,古代的"盉"就是今天的所谓"壶",在今天的吴语里两字仍然是同音字,这里提出来就正于大方之家,如果推论成立,那么今天盛行的紫砂壶的原型早在七千年前就已经形制诸要素初定。今天的砂壶之所以能独步天下是因为七千年陶器文明底蕴的支撑,而古器物中所谓"壶"后期都称为"瓶"了。

目前看来,关于宜兴窑的研究古往今来也颇具规模:明清论著、现代考古研究、对应于宜兴陶业的历史研究等等不一而足。

对于紫砂工艺的全面论述,以今宜兴市陶瓷行业协会会长史俊堂先生《宜兴紫砂陶》为代表的一系列作品展现。刘汝醴编著的《宜兴紫砂史》②试图对宜兴几千年窑火做一个总结,刘汝醴、吴山所著《宜兴紫砂文化史》③梳理了紫砂文化的发展过程,徐秀棠先生有一系列著述表达了现当代紫砂文化的具体而微的内涵。

明清以来的各家论著,典型的有今人韩其楼先生编著《紫砂壶全书》(华龄出版社2006年版)、《紫砂古籍今译》(北京出版社2011年版)作了较周全的汇集,省却了诸多学者的检索之功,功德无量。韩先生最看重的五部为:《阳羡茗壶系》、《阳羡名陶录》、《茗壶图录》、《宜兴陶器概要》、《阳羡砂壶图考》。其他著录图形的书不胜枚举,尤其当下收藏大热,应时之作应运而生。

严克勤先生所著的《仙骨佛心——家具、紫砂与明清文人》,对于明清文人行为模式中的紫砂器的表现作了很独到的论述。④

清人年希尧《视学》吸取西方设计的透视原理谈论诸般设计。

在今天看来,明清论著以《长物志》为代表的一系列作品基本上都是有讨论紫砂壶相关器用的,颇似谈论文化产品与消费者之间的关系。而这些都是以茶饮文化为背景的。

明隆庆年开关之后,海外大量的珍贵木材、犀牛角、象牙的进口及从海外传入的珐琅器工艺制作的影响,古玩杂项工艺制作名人辈出。如明代开创嘉定派竹刻的竹刻大家朱松龄、制玉大家陆子冈、制铜手炉大家张鸣岐、制墨大家方于鲁、版刻大家黄应光,还有明式硬木家具的兴起、明宣德炉的竞相仿制。

明代藏家还很喜爱做工精致创意独到的"当代艺术",尤其是到了明代万历年间,藏品概念在原有基础上又有一个很大的突破,即由重视古玩转为古玩与"时玩"并重。所谓"时玩"是指近世或当代制作的物品,如书画、永乐漆器、宣德铜炉、蟋蟀盆、成化瓷器、折叠扇、紫砂器、紫檀红木器等,当时人竞相收藏,以至价格飙升。这和现在拍场上当代艺术屡创天价有着异曲同工之处。

王世贞《觚不觚录》说:"书画重宋,而三十年来忽重元人,乃至倪元镇以逮明沈周,价骤增十倍。窑器当重哥汝,而十五年来忽重宣德,以至永乐成化,价亦骤增十倍。"

沈德符《万历野获编》列有"时玩"专条,称:"玩好之物,以古为贵,惟本朝则不然,永乐之剔红、宣德之铜、成化之窑,其价遂与古敌。"

"时玩"价格上扬,与古玩争雄,是在收藏风气炽盛的背景下出现的,它是收藏发展史上的一个重要里程碑。当今的"时玩"收藏甚至已超过古玩成为民间收藏的主流。衡量一个时代的收藏水平如何,主要依据的条件应是收藏者和藏品两项,而且民间收藏的状况更为主要。

综上,紫砂器古已有之,且古器常出,但是新器仍然不断生产,其中有仿古款,有高仿、但也有创意新变的,所以有古玩概念下的紫砂器,但新品不啻一时新宠,价逾金玉。讨论紫砂以及与其相关联的论述也是古今一脉相承,所以我们要紧盯着紫砂壶,这是一项非常奇特的文化产品,古今杂陈,新旧迭出,传统与创新并存,真是可以大作文章的对象。

作为手工业品而在作品上堂而皇之书款以至于通行盖章落款,这几乎是工艺品范畴内独一无二的形式追求,好像是说这把壶我做的,我负责用得顺手,请认清底款再次光临。个人标志与产品商标对于其所标识的作品的质量追求是不一样的,这一点在制壶史上有些例子,以作坊名为标志如玉成窑等,以厂家商标为标志如方圆牌。但是作为非常个性化的作品以个人名章落款的还是占绝对多数,就算众所周知的代工作品其质量还是由落款者负责,爱惜羽毛者也不会随便让人代工。这类做法古已有之,如考古发现的相邦吕不韦戈就是明证,那是作为最后责任人的落款。也正是这一传统,研究壶史的才得以梳理出谱系来,比如明人供春、大彬等。

有如此评说收藏者的,说是藏家分为"好事者"与"赏鉴家"两类,前者仅是凭借财货从事收藏,夸耀财富,标榜风雅。但是正如马未都先生所言,藏着收着过程中就喜欢上了、研究上了,慢慢儿也就升格为赏鉴者了。后者才属真正笃好收藏,对收藏有钻研,有心得。明朝大收藏家不单藏品丰富品位高超,而且对藏品进行流传有序的考证与研究,著书立说,为今人研究古代收藏史提供了详实可靠的依据。

我们认为被社会所广泛接受的某种手工艺品的发达,需要几代能工巧匠的传承,也需要有一段相对稳定和繁荣的社会发展过程。正如苏作家具在明代中叶的盛行,紫砂壶在明清之际的盛行,这都是难能可贵的案例,只有形成了一业兴百业的产业链,文化产业运作才能兴旺发达。如紫砂壶,不仅仅有矿、泥、工就够了,关键你生产的壶要有人用,那就是饮茶模式必须固化定型,这样才能有稳定需求,那么壶业兴盛的同时相关联的各业都能跟上。

由于茶饮而使得茶壶到了饮者的眼前手中,于是做工的质量在饮者的高标准要求下,逐步走到了今天,可以说是牢牢占据了茶桌上的位置。什么叫高标准?就是要美得让人心动。到晚明和清初,中国传统文化的发展臻于成熟。从明人高濂的《遵生八笺》到文震亨的《长物志》,再有清人李渔的《闲情偶寄》、沈复的《浮生六记》,他们都着意传统化的江南文士人生观,寻求物质文化的精神开拓。营造江南士大夫家庭的生活意境。社会的发展,文化的发达,有闲阶层的日益增多,对物品要求的精致化。用文绉绉的话说,就是要把人格心灵外在化。

注释:

① 参见南京博物院考古研究所报告:《江苏宜兴市骆驼墩新石器时代遗址的发掘》,载《考古》2003年第7期。

② 刘汝醴编著:《宜兴紫砂史》,江苏省宜兴陶瓷公司1978年油印本。

③ 刘汝醴、吴山著:《宜兴紫砂文化史》,浙江摄影出版社2000年版。

④ 严克勤著:《仙骨佛心——家具、紫砂与明清文人》,三联书店2009年版。

第一章 宜兴窑和紫砂器概况

第一节 宜兴地区目前已探明的历代窑址

一、地理位置与自然资源

宜兴位于江苏省南端,太湖西北侧,与浙、皖两省交界。全市总面积2038.7平方公里(其中太湖208.7平方公里),人口106万人。从地理位置看,宜兴所处沪、宁、杭三角中心,在两百公里范围内,北接常州、镇江、南京、扬州,西连安徽马鞍山、芜湖、宣城,南可至浙江湖州、杭州、嘉兴,东临太湖,连接无锡、苏州。其便利的交通为宜兴的发展提供了得天独厚的条件。宜兴地势南高北低,西南部为低山丘陵,北部为平原区,东部为太湖溇,西部为低洼圩区。宜兴窑主要分布于宜兴丁蜀镇,丁蜀镇处于宜兴市南端,与浙江省长兴县接壤。

宜兴历史悠久,虽属域屡改,但自秦代建县起已有2200多年。古称荆邑,春秋时属吴。秦始皇二十六年(前221年)建县,改荆邑为阳羡县。西晋惠帝太安二年至怀帝永嘉四年(303年—310年),朝廷为表彰周玘(周处长子)三兴义兵平乱之功,设义兴郡,属扬州。隋文帝开皇九年

（589年），改称义兴县，属常州。宋太宗太平兴国元年（976年），为避赵光义讳，改为宜兴县，属常州。清雍正四年（1726年）分为宜兴、荆溪二县。民国元年（1911年）荆溪县撤销，并入宜兴县。1949年6月属常州专区，1953年1月26日属苏州专区，1956年2月17日属镇江专区，1967年3月改称镇江地区，1983年3月起属无锡市，1988年1月撤销宜兴县，设宜兴市（县级市）。

宜兴地处平原与丘陵的交织处，物产十分丰富。山区产的瓷土和竹木为发展陶瓷业提供了有利条件。早在东汉时，宜兴丁蜀镇与南山一带已形成一个制陶中心，烧造釉陶和灰陶等，均山窑瓷业是在汉代釉陶的基础上发展起来，并吸取毗邻吴兴和上虞、绍兴的早期越窑的先进技术，烧造出具有一定质量的青瓷器。毗邻的太湖以及大运河四通八达的水道，为其提供了便利的交通条件。

宜兴自古就是著名的产茶名区之一。早在三国时期，宜兴所产"国山苑茶"就已著称于江南。到唐代，宜兴茶的名声甚至传到了宫廷，成为贡品，有"天子未尝阳羡茶，百草不敢先开花"的诗句流传。陆羽在《茶经》中曾称宜兴茶"芬芳冠入他境"。现在，宜兴已是江苏省最大的茶叶产区。与宜兴竹海相映成趣，万亩茶园，满眼青山。阳羡茶更与紫砂壶、金沙泉合称"宜兴三绝"，用金沙泉和紫砂壶所冲泡的阳羡茶，汤清，色浓，茶香，回味甜。现在宜兴被授予"中国名茶之乡"称号，宜兴"阳羡雪芽"还获得了国家地理

图1-1 紫砂泥原矿石

标志保护。

宜兴产陶土,主要分布于南部丘陵山区。紫砂泥是指分布在宜兴蜀山、黄龙山地区的一种特殊陶土,俗称"五色土"。紫砂泥被称为"泥中泥、岩中岩",是紫泥、绿泥(本山绿泥)、红泥、团(段)泥的统称。紫泥产于宜兴市鼎(丁)蜀镇黄龙山,深藏在黄石岩下,夹存于夹(甲)泥矿层中;本山绿泥则是紫泥层的夹脂;红泥是泥矿里的以黏土为主的粉砂岩土,一般在嫩泥矿的下层。紫泥熟泥的可塑性好,成型后的坯体强度高,坯的干燥收缩和烧成收缩率小。紫砂原料的岩相分析结果表明,所用黏土都属于高岭—石英—云母类型,其特点是含铁量比较高(图1-1)。

1. 宜兴紫砂矿的地质形成

据有关资料,紫砂形成于距今3.5—2.6亿年间。宜兴地质构造为沉积岩,处于太湖西岸的沿海地区,地势低洼,至今河道纵横。因此,在风力和水波的作用下,风化的原始岩矿颗粒层层堆积,经过长期的地质变化,最终形成了石英、莫来石、云母、长石等矿体。此外,此地区还蕴藏铁矿,挖矿人提供的一种洑东矿样,送检做化学成分分析,铁含量就达70%左右。

2. 矿脉走向及其原因

既然肯定了宜兴地区低洼地貌和沉积岩的地质构造,就可以做如下推论:①紫砂矿储非独在黄龙山,因为粉尘不同陨石,不会在平原地带只落狭小区域;②矿储呈层状分布。但实际情况是:黄龙山紫砂的确与外山、外省矿料不同;矿层分布并不规律;即使同宕口,同层矿种相邻也不尽相同。唯一合理的解释是:沉积岩物质形成后,地壳发生了变化,打破了原来的分布状态。

3. 宜兴紫砂矿区的分布

理论上,丁山地质构造纵向是相同的,因为地壳变化,今天我们看到的同一水平面,矿料种类就呈现了明显的不同。因此,黄龙山各个矿

图1-2 黄龙山主矿区

区,也形成了自己的特点(图1-2)。

黄龙山主体矿区,即今天的南山、水塘及其周边,主要是东南西三方。今天我们所看到的黄龙山主体,实际上已经距山顶有60米以上,地质年代应该与蠡蜀、白宕等平原地区地下60米以下矿层相当。主力品种为紫泥、青灰泥、本山绿泥,矿料较老,砂性较重,烧结温度较高(图1-3)。

一、二、三、五号井位置,也属于黄龙山主体。黄龙山主体水塘,是本世纪初露天开采所形成,此前,都是水面以上位置暗宕横向或斜向开采,一、二、三号井是由解放前野宕改造而成,向南开采。五号井为新建,向西斜向开采,纵深处也即今天的水塘位置,矿料品种、性质与主体部分相近。

四号井分主井和副井,副井在宝山矿区,主井在今天的紫砂之源公园(图1-4)西部。副井纵向开采(与矿层横向拓展),主井向东(黄龙山主体部分)斜向开采。根据有关资料,四号井掘进800多延

图1-3 黄龙山紫砂原矿

图1-4 紫砂之源公园

长米,纵深300多米。

半坡(水塘西)矿区、宝山矿区、降坡矿区、蠡蜀矿区等几个矿区属于黄龙山的龙头和龙尾,水平位置几乎一致,地质构造为浅表层,出矿皆为团泥和红泥(小红泥、朱泥),未见紫泥。根据研究猜测,宝山矿区出矿与明末清初蠡蜀矿区(今天的大水潭)出矿基本一样。降坡地段有一点特殊,那就是有一种后来被称为"降坡泥"的团泥,白砂和部分团泥与宝山矿区出矿的某些品种一致。

团山虽然也是山,但现在所看到的地表地质年代较近,主要出矿小红泥、团泥(红灰团的红黄泥、紫红团红棕泥、青灰泥),泥料均较嫩,烧结温度较低。

4.宜兴紫砂矿的开采历史

宜兴紫砂矿料开采,一直是以夹(甲)泥为目的,以供制陶。紫砂矿开采的历史,实际上是夹泥开采的历史。20世纪60年代宜兴紫砂原料总厂成立,才设置分拣车间,将紫砂矿料从开采出来的夹泥中分检出,供给紫砂工艺厂使用。根据可查史料,紫砂矿的挖掘在明代之前,只在蠡蜀。至于周高起《阳羡茗壶系》所记载的嫩泥、石黄、白泥,今天看来严格意义上都不属于紫砂泥,或是黏土(白泥),或是含铁丰富的黏土(嫩泥),或者就是内包朱泥的铁矿石(石黄)。蠡蜀矿区自民国期间透水后,挖矿才逐渐转移到黄龙山。那时的黄龙山,地表的黄石已经被丁山人盖房子建地基移走的差不多了。到20世纪50年代中期"汤蜀紫砂合作社"成立,黄龙山才成为陶土开采的主要矿区。

5.宜兴紫砂泥的分类

根据以上所述笔者将目前宜兴丁蜀镇一带的陶土矿种分为四大属:"白泥"属、"甲泥"属、"嫩泥"属、"紫砂泥"属。

紫砂泥又分四大类:紫泥类、红泥类、绿泥类、混杂类,前三类为基泥类,后一类为混杂类(包括自然混杂类——团泥和人工混杂类——纯紫砂拼料泥)。

（1）紫泥类下有四种泥料：

清水泥　为纯种紫泥矿，宜兴丁山陶者呼之"普泥"，为较常见之泥料；古代陶人最喜使用，为流传较多传器之泥料(图1-5)。

底槽青泥　位于紫泥类矿层底部，原矿色呈偏紫泛青，细而纯正，由于烧成温度不同色呈微红至赭紫(图1-6)。

红棕泥　位于矿层中部，呈紫红色、紫色，隐现绿色斑点，质软致密，间有微小的云母闪烁。俗称"红皮龙"(图1-7)。

大红泥　位于矿层中，少量出现。云片状结构，呈紫红色泽，鲜艳

图1-5　紫泥原矿

图1-6　底槽青泥原矿

图1-7　红皮龙原矿

图1-8　大红泥原矿

明丽(图1-8)。

(2)绿泥类下有三种泥料:

本山绿泥　产地黄龙山,因此称"本山",采掘量极少,不易制作大件产品,仅作小件产品和作"化妆土",色呈青绿色(图1-9)。

白麻子泥　色与本山绿泥相似,质地粗。位于紫泥上层,且杂质较多,须精拣方可合用,成陶后现淡墨色(图1-10)。

红麻子泥　色似紫泥,质地粗。位于紫泥上层,间夹星点麻子绿泥,成陶后呈桃红色。

(3)红泥类下有三种泥料:

赵庄红泥　产于宜兴任墅赵庄山嫩泥矿层底部,质坚如石,其含铁量高,产量甚稀。矿土外观呈砖红夹色,以黏土为主的粉砂岩土,可单

图1-9　本山绿泥原矿

图1-10　白麻子泥原矿

图1-11 红泥原矿

独成陶（图1-11）。

洑东红泥 产于宜兴洑东镇，因其含铁量多寡不等，烧成之后变朱砂色、朱砂紫或海棠红等色。因为产量少，一般只用作化妆土装饰在紫砂泥坯上。

石黄泥 高档朱泥，原矿呈卵状，外壳铁质褐黄色，中核似鸡蛋黄，粉状细腻，含铁量甚高。加入紫泥，成陶后色紫若葡萄。加入天青泥，成深古色。加入红泥成大红袍泥（图1-12）。

（4）混杂泥类下有两种泥料：

团泥 又称段泥，是紫泥与绿泥自然混杂共生在一起的泥料，原矿色呈青绿，烧制后呈淡黄至老黄色（图1-13）。

图1-13 段泥

图1-12 紫砂泥原矿石"石黄"

拼料泥 以两种以上纯紫砂泥拼制而成,不含任何金属氧化物;也不含白泥、甲泥。

二、陶器烧制的历史沿革

陶器的发明,是人类发明史上的重要成果之一,也是灿烂的古代文化的重要组成部分。

陶器的起源是多元的,是农耕文化发展到一定阶段的产物。黄河流域是中国古代文明的摇篮,农业生产有着悠久的历史,陶器的产生和繁荣也在这里。从考古发现来看,早在距今8000多年以前,已开始出现少量纹饰、器形简单的彩陶;距今7000至5000余年前的仰韶文化,是彩陶的鼎盛时期;距今5000至4000多年前的马家窑文化,彩陶继续繁荣,仍然是富有代表性的文化遗存。

长江流域的新石器文化也是相当发达的,先民们以种植水稻为主,兼营渔猎,并从事制陶等原始手工业。1973年首次在浙江余姚河姆渡村发现的河姆渡文化,是长江下游已发现的年代最早的一种原始文化,和仰韶文化的年代不差上下,它出土的陶器多是夹炭黑陶;继承河姆渡文化的因素发展起来的马家浜文化,因1959年首次在浙江嘉兴马家浜发现而得名。马家浜文化的陶器以夹砂红陶为主,并有部分泥制红陶、灰陶以及少量的黑陶和黑衣陶。陶器的成型基本上采用手制,部分器物经慢轮整修,晚期灰陶增多并出现轮制,器表多素面或磨光,纹饰有弦纹、绳纹、划纹,附加堆纹和镂孔等。

宜兴位于长江下游的太湖之滨,它的文化类型与马家浜文化一脉相传。1975年古窑址普查,在归径乡的骆驼墩和唐南村,以及周墅的元帆村等处,找到了各种磨制的石器,还发现了许多陶器残片,大部分是红陶和夹砂红陶,还有少量灰陶等。从而证明远在五千多年前,生活在宜兴的先民就在这片富饶美丽的土地上从事农业生产,烧制原始的陶器。

商周时期宜兴烧制的陶器主要是灰陶、几何印纹陶和泥质红陶,器

图1-14 西周 红陶印纹陶罐

形有鼎、鬲、罐(图1-14)等。春秋战国时期,宜兴是南方原始青瓷和几何印纹硬陶的主要产地。汉代烧制红陶、灰陶(图1-15)和原始青瓷等,其烧制陶瓷的历史一直延续到今天,有2000多年,故可称是最古老的窑口。宜兴的陶瓷业在三国、南北朝时迅速发展壮大。公元220年到589年的360余年中,南北方长期陷于分裂和对

图1-15 秦汉时期 灰陶旋纹罐

峙的局面。相对而言,江南广大地区战乱较少,中原广大人民和士族地主大批渡江南下,江南经济获得迅速的发展,也促进了陶瓷业的繁荣。

宋代是我国陶瓷业发展史上的一个繁荣时期,官、哥、汝、定、钧五大名窑的产品创造了新的美学境界,不仅重视釉色之美,而且更追求釉的质地之美,形成凝重深沉的质感,使人感觉有观赏不尽的意蕴。宜兴均山窑的产品在这时已负盛誉,部分产品还为其他名窑,诸如位于河南禹县神垕镇钧窑和位于河南临汝县的汝窑所仿制。更为重要的是,北宋时作为宜兴一个重要的陶器门类——紫砂陶,也是全国范围内别无他出的品种,已经开始登上了陶瓷业的舞台,并崭露头角。

明代时宜兴的紫砂器已开始闻名于世,清代则是其高峰。1949年后,宜兴除传统的紫砂陶、钧陶有很大发展外,还恢复了青瓷生产,与彩陶和精陶等产品一起统称为宜兴陶瓷产品的"五朵金花",是我国重点陶瓷产区之一。

紫砂是一种炻器,是介于陶器与瓷器之间的陶瓷制品,其特点是结构致密,接近瓷化,强度较大,颗粒细小,断口为贝壳状或石状,但不具有瓷胎的半透明性。宜兴紫砂器胎质具有这种特性,而且于器表光挺平整之中,含有小颗粒状的变化,表现出一种砂质效果。紫砂器以器型、泥色和儒雅风采取胜。

在汉唐时期宜兴窑产品有青瓷罐(图1-16)、盘口壶(图1-17)、碗、钵、洗、盘、灯盏、瓶、盆等。宋代产品有盆、壶、

图1-16 汉 青瓷谷仓罐

图1-17 唐 仿越窑青瓷盘口壶

罐、钵、缸和陶瓶等生活用品。明代是以紫砂陶器而闻名中外,产品有壶、杯、瓶、罐等,主要有各式的紫砂壶蜚声世界,出现了供春、时大彬等一批制壶名家。到了清代更是名家辈出,有陈鸣远、陈曼生等。

三、历代窑址分布

宜兴南部丘陵山区古窑星罗棋布,古陶堆积丰富。宜兴窑场主要集中于城东的丁蜀镇。

1959年,在宜兴丁蜀镇南山附近的均山曾发现一处六朝青瓷窑址。尔后,宜兴陶瓷公司为编写《宜兴陶瓷史》,会同南京大学历史系师生和南京博物院考古专家,曾在宜兴的鼎(丁)蜀、张渚和杨巷等地开展了较系统的古窑址考古普查工作,先后发现古文化遗址7处,其中新石器时代的遗址有5处,另有古窑址100多处,其中有汉代窑址16处,六朝青瓷窑址3处,隋唐、五代窑址9处,宋元窑址20处,明清窑址60多处。[1]

在古代窑址中,又以宜兴鼎(丁)蜀镇附近汉代窑址、宜兴南山六朝青瓷窑址、宜兴涧众村唐代古龙窑和宜兴蠡墅羊角山宋代紫砂古窑址为最有代表性。这是中国迄今为止发现最早、保存较完整的一批古窑址,对研究宜兴陶瓷史、中国古代窑炉发展史和紫砂史,都具有重大的意义。

到目前为止,已探明宜兴现存古窑址140多处,其中新石器时代5处,汉窑16处,六朝窑3处,隋唐五代窑9处,宋元窑址20多处,明清窑址60多处。其中较完整发掘的古龙窑有周墅小窑墩晋代青瓷龙窑;丁蜀镇涧众村唐龙窑和塍里宋代南缸窑;周墅乡(现丁蜀镇)前墅村的明代前墅龙窑(图1-18);宜兴均陶厂内的前进窑长100米,有84对鳞眼洞,被称为"现代龙窑之王"。

最早的窑址主要分布在青龙山北麓的宝山寺、蜀山、汤渡和均山的东瓦窑、西瓦窑、任墅的石灰山以及潜洛和上袁等处,有大小龙窑70余座。

到1936年,丁蜀地区仍有76座龙窑,其中黑货窑3座、黄货窑4座、砂货窑9座、紫砂窑10座、粗货窑40座、溪货窑10座(包括上袁1座、潜洛3座紫砂窑)。抗日战争爆发,宜兴沦陷后,不少窑座被日本侵略军改筑成炮台和碉堡,许多窑座被毁。

20世纪50年代轻工部在丁蜀镇召开全国龙窑改革推广会议,将宜

图1-18 明代 前墅龙窑

兴以煤代柴的龙窑烧成法向全国陶瓷产区推广,1977年以后宜兴陶瓷公司终止龙窑烧制产品。

现将主要窑址分述如下:

均山窑 位于江苏省宜兴县丁蜀镇汤渡附近,最早发现于1959年,因为离均山村不远,故定名为均山窑,又因窑址在南山,所以又有称南山窑的。②青瓷碎片和窑具的堆积十分丰富,在瓷窑旁边均发现了汉代釉陶和几何印纹硬陶堆积。根据遗物的特点,均山窑的时代在东吴后期,一直维持到宋代。③均山窑的造型和装饰具有与越窑相同的风格,所以陶瓷界有把均山陶列入越窑青瓷系统。当然均山陶的产品比较单纯,质量也比越窑青瓷稍逊一筹。其瓷胎较松,断面比较粗糙,气孔率高达7%—12%,通常的吸水率为3%—7%,坯泥的粉碎、淘漂和练土都欠精细,经测定,胎土中铁、钛氧化物含量也较高。故胎呈灰、青灰或土黄色,烧成温度在1160°C—1260°C,玻化程度比较差。青釉常作豆绿色,微泛黄，器里满釉，器外施釉多数不到底，有的胎釉结合牢固，有的容易脱釉，釉面开裂成网状。④

羊角山紫砂窑址　　1976年7月，宜兴红旗陶瓷厂隧道窑基建工程施工中，在"新建窑"的窑墩被挖废时，发现大量早期紫砂及欧窑器残片。经南京大学与南京博物院考古专家多次到现场考察，初步认定，在窑墩下层曾找到羊角山古龙窑址，其年代上限不早于北宋中期，盛于南宋，下限延至明代中期。同时在隧道窑窑基中段又找到不少晚期紫砂，其底部已有作者印款，制作亦日趋精巧，系清代产品无疑。这说明在蠡墅羊角山附近的龙窑烧造的年代延续时间较长，到了清代以烧中小缸和黑货为主，但也搭烧少量紫砂和欧窑产品。羊角山出土的早期紫砂陶器，与明清乃至现代的紫砂器有较大差别。钵、罐、壶等胎质均较粗，制作也不够精细，它们的原料是深埋在山腹中的带有紫砂泥的"夹泥"（夹泥矿里常夹杂着其他不同泥质，故称其为夹泥）。夹泥是制造缸瓮等大型陶器的主要原料（宋代才开始采用），这就说明，紫砂陶诞生是个缓慢的过程，一开始并不纯正，是伴随着大型陶器的发达而逐步发展，逐渐为陶工们所认识的。可以这么说，陶器生产规模的扩大，技术的进步，产品的器型遇到了天赋的优质紫泥，加上当时的煮茶和饮茶的生活习惯，用纯净的紫砂泥作紫砂陶也就应运而生。

筱王古窑遗址　　位于宜兴市西渚镇五圣村，是南宋时期的制陶遗址，距今已有一千余年历史。在6.3平方公里的村域范围内，20余处古窑遗址零星散布，古窑址直径小的约30米，大的有近百米，堆积高5米至10米不等。从陶片堆积状况看，其延烧时间较长，产量巨大，是宋代宜兴日用陶瓷的重要产地之一。凭借其悠久的历史和巨大的科考价值，筱王古窑遗址分别于2002年和2006年被确定为江苏省和国家级文物保护单位。

南缸窑址　　位于塍里村，窑长50余米，有"窑王"之称。从宋代就开始筑窑烧造，一直延至明清。主要生产陶缸类产品。

前墅龙窑　　最初创烧于明代,是宜兴地区目前保存下来的仍以传统方法烧制陶瓷器的惟一一座龙窑。龙窑以其形状像古人所说的长龙而得名(图1-19)。前墅龙窑利用自然山坡建造,由窑炉头、窑床、窑尾构成,头北尾南,窑身内壁以耐火砖筑成山坡斜直焰式筒形的弯状隧道,外壁敷以石块和太湖边上特有的白土,窑身左右设投柴孔42对。西侧设窑门5个,窑身上方建有窑棚,花岗石柱,上覆以木质梁架及小板瓦。该龙窑全长达43.4米,头低尾高,令人称奇的是,龙头下面还有一潭深水,传说此水供龙饮用,常年不竭,只有在烧窑前根据需要才把它抽干。龙窑只用松枝和竹枝作燃料,才能保证陶器的品质和个性。目前该窑大概平均每月出一窑粗陶,包括盆、瓮、罐、壶、紫砂器等。20世纪70年代以后,随着技术的不断改进,古龙窑逐渐被隧道窑、倒焰窑、推板窑(图1-20)等替代。

图1-19　龙窑

图1-20 推板窑

宜兴主要古窑址分布表:

名称	时代	所在地
骆驼墩遗址	新石器	新街镇塘南村
西溪遗址	新石器	邮堂乡(现芳庄镇)西溪村
石室土墩遗迹	西周—战国	张渚镇屺亭镇
小窑墩遗址	晋	丁蜀镇周家村
均山窑遗址	三国—西晋	宜兴县丁蜀镇汤渡附近
龙窑遗址	唐代	洑东镇涧众村(现陶渊村)
真武展窑群	唐宋	归径乡(现新街镇)真武殿村
羊角山古窑址	宋代—清代	丁蜀镇
筱王村窑群	宋代	西渚镇筱王村
南缸窑遗址	宋代—清代	丁蜀镇塍里村
前墅龙窑	明代至今	丁蜀镇前墅村
蜀山紫砂窑址群	明代—近代	丁蜀镇
前进窑遗址	民国	丁蜀镇均陶厂内

第二节 宜兴窑陶瓷产品的历史源流

一、宜兴青瓷的历史

我国瓷器的发展大体经历了青瓷、白瓷、彩瓷这三个重要阶段,而以青瓷为最早。建国后,我国各地先后出土了年代较早的青釉器,文物考古界通常称为"原始青釉瓷器"(原始青瓷)、"青釉器"、"釉陶"和"早期青瓷"等,说法不一。1982年,中国硅酸盐学会编撰出版的《中国陶瓷史》一书中指出:"我国青瓷是由原始青瓷演变而来的。"目前学界统称为原始青瓷。

1.宜兴的原始青瓷

据《江苏省志·陶瓷工业志》载:"西周时期(公元前1046—前771年),江苏境内开始生产'原始青瓷'。"《宜兴陶瓷简史》称:"商代,苏南地区仍是荆蛮之地,奴隶制的发展较中原地区迟缓。但在宜兴地区相当商周时期的文化——'湖熟文化'遗址相当广泛。"

西周时,我国进入奴隶制社会,由于手工业的进一步分工和发展,

图1-21 战国 原始青瓷盂

宜兴地区制陶业也随之有了新的提高,开始出现了原始青瓷。在西周春秋战国遗址或墓葬中,经常发现几何印纹硬陶和原始青瓷(图1-21)共存的现象。

20世纪70年代,南京大学和南京博物院的文物考古工作者,在宜兴市丁蜀镇西獾墩和洑东、张泽与张渚一带商周遗址中,也发现了几何印纹硬陶,同时有原始青瓷——罐、盂、豆等器。瓷罐纹饰多为羽状纹,釉呈黄绿色,釉层较薄,盂内存螺旋纹,有的盂口有"～"形耳作装饰。张渚善卷洞五洞桥商周遗址的年代延续时间较长,与张泽前港嘴遗址均属春秋战国时期。

2. 宜兴早期青瓷的日趋成熟

20世纪70年代的古窑址普查表明,早在东汉时,距丁蜀镇以南三公里的均山大松园狮子墩、龙丫窑、新塘边、东瓦窑、风水涧及镇西的西獾墩有9处汉代窑址和6处六朝青瓷窑址,并发现早期青釉器。这些窑址大量烧造民用日用青瓷碗、盂、罐等器,其烧造年代大都在东汉、三国、两晋或六朝前期。那时的南山脚下已形成一个较大的青瓷生产窑群,尤其到了两晋、六朝,制作日益精细、形制多样,通体施釉、釉层较厚、釉色灰青,可见烧制技术日趋成熟,达到了较高的水平。

3. 中晚唐宜兴青瓷的恢复与发展

隋朝及初唐时,随着南朝的灭亡,江南地区的制瓷业曾有一段衰落时期,但从中唐开始,浙江越窑和宜兴青瓷又先后恢复,至晚唐五代并有所发展。1975年10月,南京大学历史系考古班师生,在丁蜀附近古窑址普查中首先发现了唐代晚期涧众窑遗址。

涧众龙窑烧制的产品比较简朴,以生产民间日常使用的碗、钵、罐、盘(碟)、灯盏等为主,兼烧盆、瓶等器。釉色大部分是青釉,色泽较光亮,有茶绿、青绿、浅青,多数青绿泛黄,釉层大体均匀,具有越窑风格,璧形底碗与青釉褐斑都是唐代常见的产品,与近年在扬州、如皋、高邮等地出土的晚唐遗物相一致,说明当时宜兴涧众窑青瓷已大量生产并销往临近地区。

与此同时,又在张渚地区归径乡以东棚山南北麓以及真武堂山(亦称"周户堂")南北麓发现一处规模庞大而密集的晚唐五代青瓷窑群,据初步勘查约有二三十座之多。不难想象,那时的归径窑场是多么繁荣兴旺。

4. 宜兴青瓷重放异彩

新中国成立后,1961年3月,江苏省轻工业厅为恢复失传千余年的宜兴青瓷工艺,给

图1-22 当代 宜兴青瓷

江苏省宜兴陶瓷研究所下达了"恢复宜兴青瓷的研究"科研项目。在当地党委和政府的重视关怀下,成立"宜兴青瓷厂"。发展到1980年,注册"碧玉牌"青瓷商标。1981年,万件宜兴青瓷(图1-22)首次进入美国纽约,轰动了美国市场,被誉为"东方蓝宝石"。"碧玉牌"青瓷先后获省、部优秀产品称号,轻工部出口产品铜质奖,首届北京国际博览会银奖,更被国家收藏于北京中南海紫光阁陈列。

二、欧窑与宜钧产品

宜钧是明、清两代宜兴生产的一种带釉的陶器(见图典24、25、26),最早生产于宋元时期,由于这类产品和宋代钧窑有某些相似之处,故称宜钧。清初也称宜兴挂釉(图1-23)。以明代后期欧子明所制

图1-23 宜钧挂(上)釉工艺

最为成功,又称欧窑器。宜钧胎有白泥、紫砂两种,釉料中加入含磷的石灰窑窑汗做熔剂,使釉层带有乳浊感。釉色以天青、天蓝、灰蓝、云豆为主,间有月白、葡萄紫等,器型以钵、花瓶、水盂为多。宜钧釉陶除日常生活用具外,还有各种佛像、神仙人物等。

明代万历年(1573—1620年)宜兴著名陶工欧子明仿制各种名窑名瓷,有仿哥窑纹片釉、有仿官窑、并且仿钧釉极似,被称为欧窑。其仿钧之作发展成了宜钧。

清末著名收藏家赵汝珍在其著作中,曾清晰地阐述了欧窑与紫砂窑的关系:"欧窑即宜兴窑,景德镇外之窑,完全以制造民用之器为业务,故无可称述者。其中唯一之例外,即欧窑是也。按欧窑地在江苏宜兴,即世所称之宜兴窑也。宜兴建窑甚早,不过以前并无名器出世故不为世所知。及明欧子明改良窑业,极力仿钧颇有成就,为别与以前所制,遂名欧窑。故欧窑与宜兴窑实二而一也。欧窑所产又称宜钧,盖即以宜之窑制钧器也。制品虽出宜兴,然与阳羡名陶一系,微有区别,与清代紫砂挂釉各器亦微有不同,大抵制造时仍参如瓷质,非纯用紫砂者。"⑤

清代继承了欧窑的传统,宜钧精品开始进入宫廷。乾隆、嘉庆年间(1736—1820年)宜兴陶工葛明祥、葛源祥兄弟所制的宜钧品种繁多,釉色精美。产品以火钵、花盆、花瓶、水盂为主,为清代宜钧的代表作,被称为葛窑。欧、葛瓷釉略相似,在灰墨蓝绿之间。

宜钧胎骨坚硬,胎质有灰白的炻胎与紫砂胎。从传世器物观察,古代宜钧的制釉方法略似唐钧。即先在胎上施黑釉、再洒以白釉,烧成时形成各处的乳光釉区,并流淌成蓝色的兔丝纹而浓处成乳白,不流淌则成蓝色乳光点。宜钧釉基本上是玻璃态,没有多少釉泡,此点恰恰与宋钧相反。宜钧有一次烧成的,也有先素烧,再施釉两次烧成的。

三、紫砂器的发展

1. 紫砂器的起源

紫砂器起源于何时,在我国陶瓷史上一直是悬而未决的问题。明清时代的史籍中明确记载,紫陶器创始于明代弘治、正德年间,金沙寺的和尚和吴氏书僮供春是创始人。如明周高起在《阳羡名壶系》"创始"中说:"金沙寺僧,久而逸其名矣,闻之陶家云:僧闲静有致,习与陶缸瓮者处,抟其细土,加以澄练、捏筑为胎,规而圆之,刳使中空,踵传口柄盖的,附陶穴烧成,人遂传用。"⑥

供春和吴氏是何许人呢?《宜兴县志》记载说:供春是明正德年间(公元1504—1521年)提学副使吴颐山随带的书僮,吴读书于金沙寺中(此寺今仍尚存遗址)。《阳羡茗壶系》"正始"中又云:"供春,学宪吴颐山家青衣也。颐山读书金沙寺中,供春于给役之暇,窃仿老僧心匠,亦淘细土抟胎,茶匙穴中,指掠内外,指螺文隐起可按,胎必累按,故腹半尚现节腠,视以辨真……"⑦从这些明确的记载来看,紫砂器应创制于明代中晚期,目前并没有找到宋代已有紫砂的记载。当然宜兴当地还有范蠡为"宜兴陶瓷创业的祖师"或"陶朱公"的传说。

1976年宜兴红旗陶瓷厂在施工中发现了紫砂古窑遗址,证实宜兴陶瓷生产始于新石器时代。远在新石器时代,勤劳的宜兴先民就在这里开创了原始陶瓷生产活动。在先后多次进行的考古调查中,发现了古文化遗址7处,其中就有新石器时代遗址5处。古窑址近百处,其中有汉代窑址16处,六朝窑址3处,隋、唐、五代窑址9处,宋、元窑址20多处,明、清窑址60多处。因此民间传说越国的范蠡为"宜兴陶瓷创业的祖师"或"陶朱公"是不真实的。

然而,紫砂器又究竟起源于何时呢?随着羊角山谷紫砂窑址的发现,这个问题又被提了出来。

羊角山古紫砂窑址位于宜兴蠡墅村羊角山,是丁蜀镇黄龙山的支脉系统,这里是盛产紫砂泥矿的地方,所以古人把窑建在原料的产地。古紫砂窑址是埋在长约10米的土堆下面,经破土清理,共分3层,上层厚两米多,为近代废窑陶瓷碎片堆积,以缸、瓮碎片为主。第二层为混合堆积,从元代起至清代初年,延续时间较长,堆积层较厚,约两到三米,多为瓯窑缸、缶、瓮和肩部饰有菱花的陶罐、玉壶式的釉陶壶等残片,尤其后两种具有元、明陶瓷造型风格;其次还发现"宜钧器"残片,与欧窑制品极为相似。

另外在附近偏北方向,发现有瓯窑遗迹,说明所堆积是元末明初欧窑的堆积物。第三层为早期紫砂堆积层,厚1.5米,断面呈灰紫色,主要是

图1-24 羊角山遗址发现的宋代紫砂器残件

图1-25 羊角山遗址发现的宋代紫砂器残件

紫砂壶残片(图1-24、图1-25),有壶身、壶嘴、壶盖等。在此堆积的附近,发现了一座长约十米、宽约一米多的龙窑,其中亦有紫砂片。窑的下层是黄土,是建窑时用人工填成的。南端用小砖砌成倾斜的砖垛两排,这一种小砖与江南地区常见宋墓砖极为相似。根据发掘出土的大量紫砂器残片分析研究,可以分辨出主要造型有壶、罐两个大类,其中以壶为大部,均呈紫红色,器物里外无釉,从残片复原的器型分有高颈壶、矮颈壶、提梁壶等三类。紫砂泥质较粗糙,器身表面细密度亦差。由于没有用匣装,而是直接入窑烧成,因而常有火疵现象。在成型方法上已脱离用陶轮拉坯的做法,根据紫砂泥不同于其他陶土性能,而采用泥片镶接法,壶嘴、壶把、壶的子(俗称壶盖、壶顶)的粘接,则采用穿洞捏塞法,为后世紫砂器成型开创了新的工艺,奠定了紫砂器造型的基础。例如:龙头壶的壶嘴,捏成龙头型。六方形壶的颈部起线,壶嘴根部附加菱花形纹饰,以及壶把上带有小孔的处理等,都相当成熟。不过紫砂器是否由此可断定起源于宋代还须进一步研究,才能得出更正确的结论。

2.明代紫砂器的发展

1966年,在南京市郊江宁县马家山油坊桥挖掘的明嘉靖十二年(1533年)司礼太监吴经墓中曾出土一件紫砂提梁壶,从它的形制与装饰纹样推测,它被用作案几陈设品的可能性极大。这时的紫砂壶,把、嘴、身采用铆接法,与明中叶后流行泡茶用的紫砂壶差别较大。

明代是紫砂正式形成较完整的工艺体系的时期,尤其在嘉靖至万历年间,紫砂从日用品陶器中独立出来,讲究规正精巧,名家名壶深受文人仕宦的赏识,入宫廷、出海外,奠定了宜兴作为紫砂之都的基础。紫砂陶品种繁多,紫砂茶壶尤以其独有的实用性与艺术鉴赏性成为传世精品。

供春是第一位有文献记载的壶艺大师。金沙寺和供春所生活的明代弘治、正德年间,由此也被看作为宜兴紫砂产品真正形成工艺体系的时间。

明嘉靖到隆庆年间(1522—1572年),继供春而起的紫砂名艺人有董翰、赵梁、时朋和袁锡（元畅）四人，并称为"四大家"。其中董翰以制作菱花式壶最著称，赵梁所制壶多为提梁壶。这些名家均以造型的艺术化取胜。嘉靖后，出现了一大批制壶名家，也创作出了多款壶型，流传至今。

由于迎合了当时士人浅尝低吟、自斟自饮的茶风，紫砂陶壶逐渐被精于茶理的文人所关注和喜爱，众多文人雅士参与设计制作，赋予紫砂壶以文人艺术品的特质。紫砂壶艺术已具备高度的艺术品位，逐渐形成了独特的民族风格。这也促使紫砂壶的造型趋向小型化，如南京嘉靖十二年墓中所出紫砂提梁壶的容量就只有450毫升，较之宋代窑址所出的容量达2000毫升的大壶，只及四分之一。所以，紫砂壶体的小型精巧化是当时总的趋势。《阳羡茗壶系》中说："壶供真茶，正在新泉活火，旋瀹旋啜，以尽声色香味之蕴。故壶宜小不宜大，宜浅不宜深。"⑧这种饮茶方式，具有色、香、味三者兼顾的要求，就为紫砂壶的小型精巧化定下了基调。紫砂壶也开始胜过了银、锡或铜制的茶壶，成为文人士大夫品茶时必备之物。所以，《阳羡名壶系》中又说："近百年中，壶黜银锡及闽豫瓷，而尚宜兴陶。"

明代中叶，制壶名家辈出，壶式千姿百态，技术精湛，迎来了中国紫砂陶艺术第一个巅峰时期。在万历年间(1573—1620年)继起的名家有时大彬、李仲芳和徐友泉师徒三人，他们的壶艺都很高超。其中以时大彬为代表，所制茗壶，千态万状，信手拈出，巧夺天工，世称"时壶"、"大彬壶"，为后代之楷模。揣摩大彬壶传器，可以看到时大彬对紫砂壶制作方法进行了极大的改进，最大的改进是用泥条镶接拍打凭空成型。紫砂艺术发展到此阶段，遂真正形成宜兴陶瓷业中独树一帜的技术体系。这是在时大彬父辈们(包括时鹏、董翰、赵梁、元畅四大家在内)共同实践经验的基础上，由时大彬成为集大成者，经他的总结力行，成功地创制了紫砂常规上的专门基础技法。几百年来，紫砂全行业的从业人员，都是经过这种基础技法的训练成长的。

明代是紫砂壶造型不断翻新发展的时期："龙旦"、"印花"、"菊花"、"圆珠"、"莲房"、"提梁"、"僧帽"、"汉方"、"梅花"、"竹节"等器形层出不穷。艺人陈仲美将瓷雕技术融入陶艺,是宜兴历史上风格多样、制壶最多的三位名家之一,所制"花货"令人耳目一新。他最早将款和印章并施于壶底,开创了壶史先例。陈用卿则第一次将铭文刻于壶身,且用行书取代楷书,增加了作品的文气。在这之前,紫砂壶上都不刻任何铭文,即使制壶艺人的名款,亦偶尔以楷书刻在壶底。

明代的烧制技术也有所创新,李茂林首创匣钵套装壶入窑,烧成后壶色光润,无裸胎露烧所产生的瑕疵,这一烧制方法沿传至今。万历以后的天启、崇祯年间(1621—1644年)著名的紫砂艺人中以惠孟臣的壶艺最精,是时大彬以后的又一大高手,他所制作的茗壶,形体浑朴精妙,铭刻和笔法极似唐代大书法家褚遂良,在我国南方声誉很大。在清初雍正元年(1723年)即有人仿制"孟臣壶",其后仿者更多。署款铭刻开始盛行,出现了代镌铭款的文人刻家。

明代后期宜兴陶业的大发展和紫砂器的独树一帜,这是与当时的社会经济背景分不开的。明代前期的"匠户制"已较元代松懈,自洪武十六年(1383年) 起开始实行"轮班制"。到成化二十年(1484年),终于废除了轮班制,改为征银制度,使相沿达两百年的工奴制宣告结束。这些改革使手工业者得到一定程度的解放,从而推进了包括陶瓷业在内的各种手工业的迅速发展。明代后期紫砂器的快速发展,更与当时宜兴整个陶业的发展密不可分。当时陶类中的商品经济颇为发展,丁蜀镇一带逐渐形成为集中的产区。至明末宜兴紫砂器也由葡萄牙商人远涉重洋运至欧洲,被称为中国的"红色瓷器"、"朱砂瓷",成为欧洲市场的热销产品。

3.清代紫砂器的发展

清代宜兴陶业进入全盛时期,是紫砂壶艺术全面发展的繁荣时期,特别是装饰艺术发展攀升到了又一艺术巅峰。手工工场的出现令分工日趋细密,技艺逐渐完善,至清末丁蜀镇一带出现"家家做坯,户户务陶"的繁荣景象。清代的紫砂在选料、配色、造型、烧制、题材、纹饰、工具各方面均优于明代。

清朝初期,几何形器非常流行,筋纹形器和天然器已发展成熟。以陈鸣远为代表,其制作的茶具和杂件雅玩,线条清楚,轮廓显著,特别是他塑造的天然形态作品,是无人可以相比的,其独到之处在于雕塑装饰、款识书法雅健,作品壶盖有行书"鸣远"印章,深受时人喜爱。陈鸣远开创了把中国传统文化诗词字画、山水梅竹的装饰艺术方式引入到紫砂壶的制作上,助饮茶兴,益人兴致,把壶艺、茶趣融为一体,极大地发展了紫砂壶的艺术价值和文化内涵,在紫砂陶艺发展史上做出了自己的贡献。

清中叶以后,文人介入紫砂壶的制作,一壶之上集工艺技法之大成,可交替运用书法、诗画、篆刻、雕塑、镂空、镶嵌、泥绘、彩釉、绞泥、掺砂、磨光等技法,因器而异,变化丰硕。文人介入制壶,是清代紫砂壶艺凸起的时代特征,且成为清代壶艺的主流。嘉庆年间,精于书法、绘画、篆刻的陈曼生为紫砂壶手绘18种壶式,即"曼生十八式",并邀制壶艺人杨彭年、吴月亭等为他制壶,又邀文人挚友为之绘画、刻文,世称"曼生壶"款"阿曼陀室",使得紫砂壶成为高雅的陶艺作品。这个时期在壶身题款成为风尚,由艺人杨彭年制作、名家书刻铭文,风格古雅简洁,这类壶的壶底、壶盖、壶身常留下定制者、制作者、刻字画铭文者的名款。宜兴紫砂壶"字依壶传,壶随字贵"由此而盛。

清道光、咸丰年间至清末,紫砂壶的壶形和装饰愈加变化多端,千姿百态。工艺追求简洁,壶式结构取材于天然的瓜类并配以简朴线条,极为精巧。邵大亨创作的鱼化龙壶灵巧可爱,盖上龙头可流动,龙舌能伸出;百果壶匠心独具,壶身圆形,上贴白果、瓜子、栗子、红枣等各式瓜果,以莲藕为壶嘴,菱角为壶把;还有竹节提梁壶、太湖石提梁壶等。黄玉麟将古代青铜器和陶器艺术特色融化到紫砂壶的制作中,技艺精湛。

明清时代,亦多用龙窑烧造紫砂陶器。清代前期宜兴龙窑约有四五十处,除分布在丁蜀镇附近外,青龙山南麓和北麓、任墅石灰山、川埠宝山寺及上袁、汤渡等地均有。清末宣统二年(1910年),在南京举办了我国"南洋第一劝业会",其宗旨是为奖励农业,振兴实业,宜兴阳羡陶业公司的紫砂陶器获奖。

4.近代紫砂器的发展

辛亥革命以来的近代紫砂器,经历了一个由盛而衰,然后又恢复和发展的曲折过程。

1911年辛亥革命以后到1937年上半年,宜兴紫砂业仍在缓慢地发展。1912年前后,宜兴芳桥开明人士周文伯提倡实业,创办"利用陶业公司",聘任宜兴川埠上袁村的前秀才邵咏常为经理,并在上海、天津等地开设分店,扩大经营业务。1917年,江苏省议员潘宝坤(蜀山西街人)向江苏省政府提议在蜀山办一个陶业工厂,很快得到批准。20世纪20至30年代,上海的一群工贸实业家和宜兴的实业界人士,在宜兴、上海、无锡、天津和杭州等城市开设专营陶器的商店,其中有代表性的是:吴德盛陶器公司、铁画轩陶器公司、利永陶器公司、陈鼎和陶器公司和葛德和陶器公司,以及"福康"、"豫丰"等。

据1919年的有关资料记载,当时宜兴的丁山、蜀山、汤渡和川埠一带的沿山居民,仍旧"家家制坯,户户捣泥"。全县有窑货行25家,各种陶窑40余座。紫砂茗壶、花盆、花瓶和饮食器皿的制作,集中在蜀山和川埠;龙盆、罐头等私货集中在蠡墅;缸类集中在丁山和白宕;缸瓮类集中在汤渡。整个窑场工人近6000人,临时工则因季节而增减。这一带的居民通常全家参加陶业劳动,或碎土,或炼泥,或徒手制坯,或户外晒坯,或研制釉料,或绘画施彩,或字画雕刻,或装坯烧窑,男女老幼都不例外。为了迎合海内外资产阶级、达官贵人和市民阶层赏玩品茗的需要,此时紫砂器的销售量猛增,而紫砂器的艺术水平在此期间却显著下降。但也有少数艺人坚持工艺创作,有他们独到的艺术贡献。如程寿珍(1858—1939年),别名"冰心道人",他擅长制作"掇球壶"及仿古紫砂壶。所制掇球壶端正完美,稳健丰润,如同大小双球叠垒,曾获得巴拿马国际赛会和芝加哥展览会的奖状。同时得到奖状的还有紫砂名艺人俞周良所制的"传炉壶"。

1937年抗日战争爆发到1949年前,是宜兴紫砂业的急剧衰退时期。在抗日战争时期,丁山、蜀山窑业区的厂房和民房被毁者达600多间,陶窑完全被毁者12座,还有一些陶窑被日军改作炮台或堡垒。当时宜兴陶业情况是"大窑户逃往外埠,中小窑户无意经营",每年曾以百万件紫砂供应全国和远销世界各地的蜀山窑场,那时全年所烧紫砂茶壶不满千件。到40年代初期稍有恢复,但年产值最多时也只及战前最高年份的45%左右。1945年抗战结束时,宜兴还留存有陶窑64座。

1948年是抗战结束以来宜兴陶业较旺盛的一年,全年共烧了2740窑次,但仅为1936年产值的58%。其中7座紫砂窑中只开烧了3座,全年只烧20窑次,烧造的品种也只是一些茶馆所需的普通粗茶具。而紫砂业在整个宜兴陶业中的比重,也从1936年的22.2%下降到1945年8.9%。曾经达六七百人的紫砂从业职员,到1949年前只余下30多人。

第三节 陶瓷壶产品在中国茶具文化史上的地位

陶瓷壶从其产生的第一天起,就与人类的生活方式紧密相联,是中国饮食文化最美丽的光环之一。中国饮食器具有三大类:食具、酒具和茶具,其材质主要是陶器、青铜器、漆器和瓷器,其中陶瓷器历时最长,至今不衰,其他材质品种也很多,但都没有形成饮食器的主流材质。陶瓷壶这一特定形式的出现最初与酒具有关。

酒具是随着酒的发明而产生的,据传说是夏王少康和杜康发明了酒,如此推断,酒具应该起源于夏代,但这需要考古发现来证明。但早在青铜器时代,就已经出现了专门的青铜器酒具,如爵、斝、觚、盉、觥、卣、壶、彝等,这已经是历史的定论。瓷器的出现结束了饮食器的

"青铜器时代",同时也可以推论瓷壶的出现是发达的青铜酒具的延伸和发展。晋代的鸡首壶(罂)就是一种酒具(图1-26)。晋刘伶在《酒德颂》中写道:"先生于是方捧罂承槽",即用罂在酒床的流槽下接酒。

唐代有嘴有柄的瓷壶(注子)也是用于注酒的器具,此时瓷壶的形状已不再是鸡首壶了,浙江省博物馆所藏越窑青瓷注子,壶身像玉壶春瓶,壶身上部按直形壶嘴,壶柄仍然很高,并同样连接在壶口上。唐代瓷酒壶的出现,打破了"元和初"樽、杓、杯三位一体的酒具格局,也开创了瓷酒具的新天地。

五代以降,瓷酒具器形尽管千变万化,但离不开瓷酒壶,我们仍可以在五代顾闳中的《韩熙载夜宴图》、明代仇英的《桃李园图》等作品中,看到各种瓷酒壶的影子,也体现了从古到今中国社会生活方式中发达的酒文化。

中国的茶文化在传统饮食中要比酒文化的传播晚得多,但发展却十分迅猛,尤其从瓷茶壶的发展、演变中便可窥见一斑。尽管自秦汉以来,茶已渐渐成为人们日常生活中所需的饮用品,但专用茶具还没有真正确立,仍与食具共用。专用的茶具直到唐代才开始出现,与此同时也出现了瓷茶壶。

唐人陆羽在《茶经》中列出28种

图1-26 东晋 青瓷鸡首壶

专用茶具,但唯不见瓷茶壶具,这是因为当时的饮茶习惯与今人不同。唐时有代表性的茶是饼茶,煎煮后饮用,谓之茶汤,并连茶带汤一起饮下,陆羽是煎茶法的提倡者。因此,当时主要的茶具是南方越窑所出青瓷茶瓯和北方邢窑所产白釉茶瓯,形成"南青北白"的格局,尤其是越窑青瓷茶瓯备受陆羽推崇。同时代出现的长沙窑釉下彩绘瓷执壶主要是用来汲水和盛茶水的工具,属于辅助性茶具。

晚唐时,另一种饮茶法——点茶法出现,唐人苏廙所著《十六汤品》中介绍了此饮法,即先将茶末放入茶瓯,尔后用茶瓶(注子)将少许沸水注入茶瓯,将茶末调成稠膏,再用沸水继续注入茶瓯,这就是点茶法烹茶。而其中的"茶瓶"即是瓷茶壶。浙江临安水丘氏是吴越国建立者钱镠的母亲,亡故时钱镠还没有称王。在其墓中曾出土了一套白釉瓷茶具,其中一件执壶是晚唐点茶器具。壶身呈瓜棱形,盖、腹、流、把齐全,为唐代晚期点茶法的佐证,也是点茶法的辅助瓷茶具。

到了宋代,饮茶风气日益高涨,文人官僚均以品茶为雅,尚茶、崇茶之风日炽。宋代日常生活中饮茶方式基本上与唐代相同,但煎茶法退居次要地位,点茶法成了当时的主要饮茶方式,同时茶具中瓷茶壶上升至很重要的地位。南宋审安老人所著《茶具图赞》中,描画了12种点茶茶具图形,称之为"十二先生",其中第10件便是一把瓷茶壶,名为"汤提点"。其中"汤"即热水,"提点"是当时的官名,有"提举点检"之意,"汤提点"也就是用来提而点茶。宋代刘松年所绘《斗茶图》(图1-27)中共画了四个人物,其中两人手拿茶盏,另一人正提壶点茶,还有一人扇炉烹茶。从此画中足以看出点茶法饮茶在宋代的盛行。

宋人崇尚斗茶,将研细了的茶末放在茶盏里,一边以沸水冲,一边用茶筅击拂,直至盏中茶呈悬浮状,泛起的沫积结于盏沿四周,用黑茶盏盛茶便于观察茶沫白色,最后看谁的茶"著盏无水痕"为赢家。显然黑瓷釉茶盏(图1-28)与瓷茶壶在以点茶法方式进行的斗茶中,充当着重要的茶具角色。

图1-27 宋 刘松年《斗茶图》

唐宋的瓷茶壶器形变化不大，甚至与瓷酒壶的器型相比也是大同小异，但到了明代瓷茶壶器型却发生了深刻的变化，这主要缘于明代社会生活中出现了两个重大变化：第一是饮茶种类有变，明以芽茶为主，用沏茶方式饮用，冲泡后饮茶汤，而不再将茶叶一起吞食，这样的饮茶方式一直沿用至今；其次是明代时宜兴紫砂壶茶具的崛起。

　　从明永乐时，出现了青花瓷凤凰纹三系把茶壶，与唐宋瓷壶相比，器形发生了巨大的变化，壶流由壶肩按置到了壶腹，壶把也同时下移，并不再与壶口连接；壶腹变矮，腹径、口径变大，与现代陶瓷茶壶几乎无异。这是由于明代的沏茶法将茶叶直接放在壶中冲泡，口径大易放入茶叶，腹径大易于茶叶冲泡后沉淀。此时，紫砂壶以其泡茶不失原味，使茶的色、香、味皆蕴，保温又好，使用时不炙手等特点逐渐成为茶具主流。与此同时，陶瓷茶壶器型也更富于艺术性，出现了僧帽壶、提梁壶等多种壶型。明代仇英的《松溪论画图》（图1-29）中，可以清晰地见到桌上放着一把紫砂软提梁壶。

　　明代晚期，曾有人作《十清诳歌》讽刺那些家境窘迫又要强作体面的人，其中有"三清诳，回青碟子无肉放；四清诳，宜兴茶壶藤扎当"之语。显然，晚明时用回青料绘制的"细路子"青花瓷器与宜兴紫砂壶是体面人使用的器皿。晚明人文震亨在《长物志》一书中有"壶以砂者为

图1-28　北宋　建窑黑釉瓷茶盏

上"之语。明人在茶具文化上的历史意义，已经被研究者概括为两点：一是废弃了宋代崇尚的黑釉建盏，而崇尚小而白的茶盏；二是流行时尚的苏样瓷壶，被晚起的宜样砂器所并流，且进入嗜茶人士的书斋，成为清供之雅品。显然，此时茶具中紫砂壶基本占据了主要地位，并至今不衰。

图1-29 明 仇英《松溪论画图》局部

注释:

①②《宜兴古窑址调查》,载《文博通讯》1979年1月。
③刘汝醴编著:《宜兴紫砂史》,江苏省宜兴陶瓷公司1978年版油印本。
④中国硅酸盐学会主编:《中国陶瓷史》,文物出版社1982年版。
⑤[清]赵汝珍著:《古董辨疑》,第十章"瓷器考证辨"。何新所辑注:《钧瓷历史文献辑注》,学苑出版社2012年版。
⑥⑦⑧熊寥、熊微编著:《中国陶瓷古籍集成》,上海文化出版社2006年版。

第二章　宜兴紫砂器历代产品与名家

　　紫砂壶壶形一般有几大类：一是圆器，要求圆、稳、匀、正，比例协调、转折圆润、线条流畅、造型端庄、刚柔相济。壶盖圆形与壶口边缘吻合，旋转自如流畅。二是方器，如四方、六方、八方、长方形等。要求线面挺刮、棱角分明、方中寓圆。方形茶壶的口与盖边必须规矩划一，任意调动壶盖方向都要与壶口吻合。三是筋纹器，就是把器物上的俯视面分做几个等分，将生动流畅的筋纹精确地安排与器身，常见的有花瓣形、瓜棱形等，同样任意调动壶盖方向都要与壶口吻合。四是外形似雕塑的壶形，俗称"花货"或"花塑器"（花色器）。而前三种被称为"光货"。

　　紫砂壶的配件共有钮、壶盖、壶腹、壶把、流嘴、足、气孔等7个部位。而从制作的工艺上细分，足有圈足、钉足、方足、平足之分；钮有珠钮、桥式、物象钮等；壶盖有嵌盖、压盖、截盖；把有单把、圈把、斜把、提梁把等。

第一节 紫砂器产品与工艺

一、明清紫砂壶经典器型

石瓢壶 石瓢壶为"曼生十八式"壶式之一。"石瓢"最早称为"石铫","铫"在《辞海》中释为"吊子,一种有柄,有流的小烹器"。"铫"从金属器皿变为陶器,最早见于北宋大学士苏轼《试院煎茶》诗:"且学公家作名钦,砖炉石铫行相随。"苏东坡把金属"铫"改为石"铫",这与当时的茶道有着密切的关系。苏东坡贬官到宜兴蜀山教书,发现当地的紫色砂罐煮茶比铜、铁器皿味道好,于是他就地取材,模仿金属吊子设计了一把既有"流"(壶嘴),又有"梁"(壶提)的砂陶之"铫"用来煮茶,这"铫"也即后人所称的"东坡提梁"壶,这可谓最早的紫砂"石铫"壶。后由陈曼生设计成"石铫提梁壶"和无提梁的"石铫壶"。那么,紫砂"石铫"何时称"石瓢"呢?这应从顾景舟时期说起,顾引用古文"弱水三千,仅饮一瓢","石铫"应称"石瓢",从此相沿均称石瓢壶(见图典28)。

扁腹壶 又称扁仿鼓壶,因壶身矮,壶口大而得名。此壶身浅且口大,宜泡绿茶。壶把端拿甚是轻巧,亦感舒适,平衡点恰到好处。整体协调、对称,且节奏感强烈。若俯视,钮盖、肩、腹五个圆圈,如涟漪荡漾,十分悦目。盖边线略强于口线,正合国人天盖地之理念。

传炉壶 传炉壶适度端庄,风格雅致,隐隐然有古风韵,堪称佳品。传炉壶有着青铜器般的威严与稳重,它古朴典雅,曲线强劲有力,浑厚端正,是方中有圆,圆中寓方的典范。要想做得比例恰当、珠圆玉润、骨肉亭匀实属不易(图2-1)。亦为"曼生十八式"壶式之一。

大彬提梁壶 大彬提梁壶身筒呈较大且丰满的扁球形,上部圆环状提梁粗大,六方三弯嘴,六瓣平扣钮,压盖,圈底,溜肩,素身。

德钟壶 壶型为钟,"德"是修辞,最具代表的作品便是邵大亨的

图2-1 "文革"时期传炉壶

德钟壶，大亨所创光素造型器形端庄稳重，比例协调，结构严谨，泥色紫润，系最佳天青泥之呈色。壶盖内有"大亨"楷书瓜子形印。

掇球壶 掇（duō），摞起来的意思，掇球，摞起来的球。掇球壶是典型的几何型传统圆壶式，也是最优秀的紫砂壶代表款式之一，它的基本造形是壶钮，壶盖，壶身由小、中、大三个顺序排列的球体组成，壶腹为大球，壶盖为中球，壶钮为小球，似小球、中球掇于大球上，故称掇球壶（图2-2），掇球壶在盖沿和口沿各塑一条粗细不同的烧线，这种上粗下细复合在一起的双线，称为天压地或文武线、子母线。

图2-2 掇球壶

仿古壶 清代邵大亨初创,原意是壶体仿照鼓型,后人仿制做这种壶形就成了仿古代壶型的意思了(见图典5)。

合欢壶 "曼生十八式"之一款。据传陈曼生在溧阳为官,上任伊始,便遇到运送"白芽"贡茶上京之重任。曼生召集故友亲朋,全力以赴,因"白芽"乃是每年皇家钦点的名贵贡茶,须在清明之前作为十纲贡品茶中第一纲运至京城。曼生不敢怠慢,征集、挑选、包装,命人昼夜兼程,送往京城。终如期而至,龙颜大悦。消息传来,曼生及其幕客好友皆欣喜,曼生设宴以贺。席间,好友郭通提议,何不造壶以载此喜,曼生喜不自禁。席间鼓乐欢天,乐手执大镲卖力敲击,声音洪亮悦耳,曼生乃性情中人,下席亲自手持大镲用力合敲,欢喜之情溢于言表。大镲凹凸有致,合则响,合而美。曼生有感于大镲分分合合,奏响人间欢乐,遂以合镲为样,合欢为名,设计出合欢壶,以朱泥造之,通体大红,富含吉祥与幸福之意。此壶极富天趣,取皆大欢喜之意,适用于节庆、祝福聚会之场合以添乐趣。

葫芦壶 葫芦壶是"曼生十八式"之一款,造型呈葫芦状,壶流短直而微向上翘,壶把成半环形,盖顶设有套环钮装饰。整器形制的线条以浑圆为主,十分流畅。

华颖壶 此壶是顾景舟先生根据传统壶体演变所创作品,名为华颖。在古字中没有"花"字,"花"为后世字,故而古时"花"亦用"华"代之,"华颖"所表达的意思系"招展的花意"。造型的子圆、盖圆、壶身圆、三圆垒叠在圆壶底上,遥望犹如花苞初绽。该壶式是从掇球壶变形而来。

集玉壶 壶以玉为题,故名"集玉"。壶身为扁圆柱形,似用两大玉璧叠合组成,壶腰用玉饰纹凹凸线分界,束出壶身骨秀神清之姿。肩腹用弧线交接,底足用两条直角线阶梯收缩,烘托出壶体刚健婀娜之态。壶嘴方形,方中带圆,根部刻龙首玉纹。壶盖形似圆璧,盖纽饰环,玉鱼拱形。整体装饰和谐协调,莹洁圆润,韵味隽永,格调高雅(图2-3)。

图2-3 集玉壶

井栏壶 顾名思义，其造型源于井栏。古人掘井多置井栏，有的还置井盖、井顶、井亭，它们既可护井，又能起到美化环境作用。为"曼生十八式"壶式之一。

龙蛋壶 壶身通体为蛋状，壶身光滑圆润，短嘴为直流状，倒把拿捏方便，扁圆珠纽。在东方文化中，龙又是一个至高无上的吉祥图腾，以"龙蛋"来命名，是一种美好的祝愿与寄托，圆润可爱的造型，吉祥美好的寓意，让这个"龙蛋壶"平添了一种拙味和稚气的亲切感。

美人肩 美人肩紫砂壶宛如古代女子端庄可爱，带点宫廷的雍容华贵，又不失大家闺秀般的妖娆。造型饱满，大方得体，以体现圆润的壶身为主，壶盖与壶身仿佛合为一体，没有空隙，用手抚摸上去，能感受到它的温暖。

孟臣壶 孟臣壶名称源自明代宜兴陶艺师惠孟臣制作的紫砂小壶，因其造型精美，别开生面，且落款"孟臣"，故而得名。系紫砂壶中的微小紫砂壶，宜冲泡"功夫茶"。广东潮州、汕头，福建厦门、漳州、泉州一带喜欢"功夫茶"，茶叶独取乌龙，冲泡方法也有诸多讲究，所用茶叶大不盈握，壶底刻有"孟臣"的铭记。

图2-4 茄段壶

匏尊壶 匏尊是匏瓜做的饮具。匏瓜,瓜不供食仅于做水瓢,俗称"葫芦瓢"。

茄段壶 造型灵感来自枝头成熟的茄子,若要达到较高的艺术表现力,须使用特级紫茄泥。以茄蒂为壶纽,流、把的呼应自然顺畅(图2-4)。

秦权壶 秦统一六国后也统一了度量衡,"权"就是用来称重量用的秤砣。"秦权"壶就是仿其外型。最早的秦权壶采用的是环耳形把手,后来不知何人所为,改成了龙形把手。

半月壶 半月壶一直以质朴无华、典雅端庄而独占一席之地,从古到今长盛不衰。半月壶协调和谐、舒张简洁,更表达了中国传统文化中对"月圆人圆"的向往。

水平壶 在明代中期盛行品茶,故小壶开始得以流行,不过,水平壶的出现也在一定程度上取决于当时工艺制作水平的提高。水平壶容量很小,是中国广东、福建一带喝"功夫茶"的器具,在东南亚一些国家和地区也有一定市场。因为喝"功夫茶"时,壶内要放很多茶叶,仅用开水冲泡,茶汁出不来,还必须将壶放在茶碗或茶海内,用沸水浇淋茶壶的外面,使茶壶浮在热水中,才能使茶叶泡出来,这就是水平壶名称的由来。最著名的为惠孟臣制水平壶。

思亭壶 早期的思亭壶,壶嘴曲度较小,流口简练,以竹刀落款于盖口墙沿,笔致尚称工整;年代稍晚些的思亭壶,风格柔美,曲线明显,流口较尖,署款则各式皆备,有竹刀写刻,也有钢刀双钩刻,罕见钤印者。思亭壶式以其俊秀高雅,留名于朱泥陶史。

汤婆壶 "汤婆"原为盛热水放在被中取暖用的扁圆形器皿,一般是用铜锡或陶瓷等制成。汤婆壶器型古拙有明季遗风,壶型简到极致,实用性很强。壶身饱满,壶壁挺秀,端庄古朴。

唐羽壶 为光素器形,系创新系列作品中经典之佳作。创作构思源于唐代宫廷中的羽觞壶,它的造型与之非常贴近。须知,唐人饮茶并非今日沏茶,而是用类似如今沱茶样的茶团和茶饼研碎放入壶中,在文火之上慢慢煎煮,有点类似现在煮咖啡。因而壶的手柄一般都较细长,似有羽翼飞升之感。它的创意也可以诠释为唐代陆羽之壶。

瓦当壶 瓦当壶为仿汉代瓦当式样,造型独特,一般壶体呈瓦当状,造型以几何线条为主,成型规范有致,线条流畅准确,壶身多有铭文。最著名的为陈曼生的瓦当壶,做工挺刮,为紫砂壶中难得的精品,也是文人参与合作制壶的典范(见图典11)。

文旦壶 文旦壶创于明末清初,造形与西施壶、贵妃壶相近,后两者为清中后期所创,重玲珑娇秀,前者则重古拙,这也与当时艺术审美时尚有关,"文旦"文字释义为:"文"指柔和、外表、容态;"旦"指戏曲中扮演女性的角色。亦有书记载,文旦"果之美味,江浦之橘,云梦之柚"。那么由此可知,文旦壶的创意又似乎是水果柚的仿生器。在这里,一把紫砂壶的仿生态,也充分体现了古代女性化的柔美与雅丽。现文旦、西施、贵妃等壶形变化很多,每位制壶人都以自己的方法演绎而成,高矮肥瘦,自然壶名也让人有点难以分辨。

西施壶 原名西施乳,言壶之形若美女西施之丰乳,确实此壶象

图2-5 倒把西施壶

丰满的乳房,壶纽像乳头,流短而略粗,壶把为倒耳之形,壶盖采用截盖式,壶底近底处内收,一捺底。后人觉"西施乳"不雅,改称"倒把西施壶"(图2-5)。文旦、龙旦和西施三种壶形有着直接和间接的关系。

线圆壶 线圆壶是一款经典器型,作为圆壶中的经典,被不断地效仿和演绎。圆壶一直是紫砂艺人所衷情的器型,而圆器又是由不同方向不同曲度的曲线组成,讲究的是珠圆玉润,比例协调,隽永耐看。

笑樱壶 笑樱壶创自明代,型制沉重扎实,有种绝不妥协的硬汉风格。笑樱,以交融而又谐调之态表现出传统文化中的"君子和而不同"的精神内质。

虚扁壶 虚扁壶自明末即有,散见于各大紫砂典籍图谱。此壶式在各个时代都有名家加以临摹再创作,佳作不绝。"虚扁"是紫砂传统全手工成型中最难得的器型,行话道"造型扁一分,成型难一分",从围身筒成筒型,然后用"泥拍子"一下一下拍成扁形,力要匀,扁又不能塌,对于全手工操作技巧是一个极大的挑战。

洋桶壶 紫砂洋桶壶是紫砂茗壶品种里较为常见的一种款式,亦是一种茶壶款式的专用名称。紫砂洋桶壶自清末民初创制以来,以其造型简练、使用方便、适宜把玩、便于提携、便于茗泡而一度盛行,并为大多数茗壶爱好者嗜好、收藏而成为紫砂光货素器类经典传统作品之一。

一粒珠 一粒珠壶造型古朴,古韵盎然,庄重又不乏新意,典雅大气又不失阳刚之气,壶身一大珠,壶钮一小珠,如同"母子珠"般形影不离。然无论哪种造型,一粒珠大度豁达的造型以及其细腻精致都是一样的(见图典14)。

僧帽壶 最早是元代出现的一种瓷壶样式,后为紫砂壶壶式。棱形、鼓腹、圈足,自口沿至肩腹部设一曲柄,相对处有流,顶略同僧帽,带盖,因此被俗称为僧帽壶(图2-6)。

周盘 传说陈曼生喜好夜读,每每捧卷至深夜,间或倦怠,品茶以缓之,闭目静思:十年寒窗无人晓,一举成名天下知,而其中艰辛唯

图2-6 当代紫砂僧帽壶

有自己能够体味,更何况为官处世为自保有时不免强己所难。思之不免惆怅,起身信步,恰见置于小桌之罗盘,随手拨弄,见其勺柄经由其转,却始终如一,指向一方。曼生感叹,罗盘虽如铜勺,表面圆通,却坚持己见,曲直合一乃为人之道也。遂以罗盘为原型,绘壶以省之,名曰周盘,此壶圆润而不失刚劲,周盘暗蕴太极。坡颈平口,平盖扁钮,泥质红润,道劲中出媚姿,纵横中见遗韵,肃然绝俗。寓意为人处世宽容大度,能屈能伸。拥壶自省,以净其身。相逢重大抉择,执周盘品清茶,三思而后行,方能至方至圆。

柱础　也是曼生设计的一种壶款之一,其造型稳重而大方,这也是因为它的造型来源于古代使用十分普遍的柱础。

二、紫砂壶经典花塑器

花塑器又称为"花货",是对雕塑性紫砂壶及带有浮雕、半圆雕装饰紫砂器造型的统称。即将生活中所见的各种自然形象和各种物象的形态透过艺术手法,设计成器皿造型,如将松竹梅等形象制成各种树桩形造型。这种壶艺造型规则是"源于自然,而高于自然,造型不仅具有适度性的艺术夸张,又着意于风格潇洒"。故专设一节予以介绍。

供春壶　"供春"是人名,即龚春,明代正德年间人,学宪吴颐山的家僮。据记载,吴颐山未中进士前,读书宜兴金沙寺(在今宜兴湖㳇镇)。书僮供春"给役之暇",发觉金沙寺僧人将制作陶缸陶瓮的细土,加以澄练,捏筑为胎,规而圆之,剜使中空,制成壶样。便"窃仿老僧心匠,亦淘细土抟胎,茶匙穴中,指掠内外",视以辨真做成茶壶,这就是后来名闻遐迩的紫砂茶壶(见图典2)。因壶为供春所制,通称供春壶。供春壶开创了宜兴茶壶的新天地,而供春是有名有姓的第一个制作紫砂茶壶的大师。

鱼化龙壶　典型传统壶型,是鱼跃龙门之意。清代邵大亨鱼化龙如波浪堆塑得一层一层,立体感强,而波涛中龙露出头部而不见爪,钮为堆浪状,装在盖里的龙头短而粗。而黄玉麟所制鱼化龙,波浪立体感不强,波涛中的龙伸出半身,龙爪清晰可见,钮也不作堆浪而作卷云形,装在盖内的龙头细而偏小(见图典12)。鱼化龙壶制作因名家的不同而特点各异,如邵大亨的龙不见爪,而黄玉麟、俞国良的龙爪清晰可见,唐树芷的龙爪也不见,但邵大亨用堆浪钮,其后的黄、俞、唐又都改成云形钮,又具一定的时代特点。

竹段壶 竹段壶是以竹为主题的经典壶型,壶身采用的是古典造型,笔直而粗壮的壶身,给人一种踏实之感,壶嘴、把、盖钮亦取竹段,生动自然,挺拔清秀(图2-7)。

南瓜壶 南瓜壶以瓜形为壶体,瓜柄为壶盖,瓜藤为壶把,瓜叶为壶嘴,构思巧妙,雅而不俗,陈鸣远作传世品现藏南京博物院。

松鼠葡萄壶 葡萄果实堆叠繁密,象征着五谷大获丰收和富贵。成串的葡萄还有"多"的含义,鼠在十二时辰中为子,喻"子"之意,葡萄松鼠合喻为"多子""丰收""富贵"。松鼠葡萄壶古雅大方,且极具自然趣味,枝叶及葡萄缭绕壶的全身,数只松鼠跳跃其间,憨态可掬,惟妙惟肖。壶盖略凸,以葡萄枝为纽,弯曲有致,整个壶勾画出一幅立体的艺术画面,真正做到了实用与艺术的完美结合。

图2-7 "文革"时期 矮竹段壶

报春壶 报春壶的壶盖、壶把和壶嘴以树木为形,壶身却为圆坛形,恰恰显示出报春壶的美丽逼真。特别是壶嘴像劲松一样向上傲立,代表着松树的顽强生命力和不屈不挠的精神,同时也代表春天的到来和大地复苏,树木伸开枝干迎接春天。报春壶从古至今都受到文人墨客的喜爱。

松竹梅壶 松、竹经冬不凋,梅则迎寒开花,故称"岁寒三友"。该壶造型的流把以梅桩造型,壶身以梅枝装饰,器型端庄精致,堪称雅致。整款壶上丰下敛,圈底收缩,卷沿,与壶口一致。截盖,壶盖略微隆起,梅桩造型的壶钮搭接呈桥形,更有小枝自壶钮伸出,甚是生动。三弯流一侧伸出一枝梅枝,贴于壶壁之上,幽幽生香。除却梅花造型,竹子装饰的壶同样不俗。钮流把竹节造型,壶钮与壶嘴均有竹枝伸出,竹韵悠悠,清秀动人。松的造型同样不同凡响,松枝造型的壶嘴、壶钮胥出松枝,松枝乃是绿泥装饰,更有树瘿突出,生动逼真。

佛手壶 佛手壶创意来源于一种叫五指橘的水果,其形状如同五个手指握在一起,是一种仿生器造型,瓜蒂与叶巧妙连接,表现出紫砂的含蓄自然。

风卷葵壶 风卷葵壶因为其造型简洁明快,曲线顺畅自然,规范的图案以及生动活泼的形态成为花货的传统经典器型之一,展示了花货自然、生动细腻、生机勃勃的风貌英姿,象征了生命的顽强以及长盛不衰。

相传风卷葵是清朝制壶大家杨彭年妹妹杨凤年所制(见图典16),虽然杨彭年自己是制壶高手,但当时的规定是艺不传女,所以杨凤年刚开始对制壶一无所知。但有一次杨凤年只是想到作业坊拿把壶浇花,刚一进门便被哥哥轰了出来,说是女人不能进这个地方,杨凤年心里很委屈,立志一定要学会做壶。从此杨凤年便专心于制壶之上,这一学就是好几年,当她能够照着以前的样式做出壶来,但觉得这还不能显示其真本事,便老想着要创作新样式。有一年秋天刮了好几天的大风,花园中的花草被吹得乱七八糟,杨凤年突然看到在一枝花干上顶着一把壶,但这壶的样式以前从未见过,定睛一看原来是当年自己种下的锦葵花,它被风吹歪了又挺起来，花瓣也被吹得拢在一起，四周花皆被摧残，只有锦葵花依然如故，始终不散，于是她以此为形经过无数次更改后制作出此款风卷葵壶。

西瓜壶 枯藤缠绕，筋脉清晰，瓜皮茸茸的西瓜壶，巧妙地把壶嘴、壶钮、壶把三者用瓜藤装饰，再加以细细的毛茸，整把壶似活脱脱一只硕大的西瓜。

寿桃壶 壶身以硕大丰满的寿桃为主体，线条无论从哪个角度看，均成抛物线状，圆润饱满，惹人喜爱。盖上竖一小桃，折枝为钮，桃枝为把，曲折有度，壶嘴短而上翘，直指青天，刚柔并济，与壶腹线条完美地衔接在一起。壶盖处有桃叶迎风飞扬，大有托着小桃乘风而去、飘飘成仙之势。

双线竹鼓壶 以竹为题材，夸张变化成形，壶身塑成主干，竹节简洁有致，中正沉稳。流、把化为新抽嫩枝，动势内酝，生动有力。盖上堆塑屈曲的竹枝为桥形钮，钮下贴塑竹叶纹饰。作品将竹子的特性以及高洁品质表现得淋漓尽至，双线竹鼓以其独特的造型在紫砂器型中有着属于它的一席之地。

龙头一捆竹壶 紫砂壶经典款式，为明代邵大亨最早制作，壶身由64片竹子组成，每一根竹子和竹绳之间都可以插针，活灵活现，仿佛竹绳真的是捆住了64根竹子。而且壶的内壁也呼应壶身造型，里面也是64根竹子。

梅段壶 传统经典花塑器，其造型独特，壶身、流、把、盖全部是用极富神态的残梅桩、树皮及缠枝组成，整把壶是一件强而有力的雕塑，壶上的梅花是用堆花手法，将有色的泥浆堆积塑造成型，栩栩如生，是一独特的仿生态紫砂壶作品（见图典17）。

三、宜兴紫砂器制作工艺、装饰及款识

1. 紫砂器制作工艺

紫砂壶传统的成型方法大体上可以归纳为打身筒和镶身筒两类。紫砂壶成型使用的工具,主要有泥凳、木搭子、转盘、木拍子、竹拍子、矩车、鳑鲏刀、尖刀、明针等,这些都是制作各种紫砂坯件的通用工具。此外,根据茶壶不同款式和工艺要求,还需准备许多特制的小工具。

(1) 打身筒

圆形壶类一般用打身筒的造型方法。先将泥料用搭子捶敲成厚薄均匀的泥片。泥片的厚度视茶壶的大小来决定,一般为三四毫米左右。再根据设计的茶壶直径,加上烧成时的收缩系数,乘圆周率,并加上两端接头的富余量以及身筒的高度,把泥片切成长方形的泥条。将泥条在转盘上围成圆筒(图2-8),把两端叠合,用刀斜着在叠合处一次切齐,即形成能对接得很好的接口,然后在对接的切口用湿泥黏连好。湿泥是用与制壶相同的泥料加水调和而成的厚泥浆,作用有些像泥瓦匠用来砌砖墙用的灰泥,行内亦称"滋泥"。黏连后在黏连处做下记号,记住这方位,留待以后安装壶把。这样可以掩盖接口处在烧成后可能出现的痕迹。

接着用左手手指伸进圆形泥筒内,轻轻扶托内壁(作为内衬使得外拍身的力量得以反冲),右手握木拍子拍打泥筒外壁的上段,边拍边转(左手在内部缓慢借助壶内壁半径和外面的泥拍产生夹击拨动),筒口部分就会渐渐内收。待收缩到需要的尺寸时,用湿泥将准备好的圆形泥片封好上口;然后将泥

图2-8 打身筒工艺

筒上下颠倒过来，拍打泥筒的另一端，使之收缩，并封好口。这时，一个空心的壶身雏形就出来了。再旋转转盘，根据形制要求，用拍子搓搋身筒，或提或按，使器形张肩膨腹，从而使壶体的肩、肚、足等过渡段明确规正，线形组合优美，过渡均匀。

待身筒基本成型以后，再配颈和足。配制颈、足的方法是将厚度不同的圆形泥片（泥片的直径就是壶颈和底足的外径），贴在身筒的上下端。待把壶口外沿和底足外沿规正以后，用矩车把泥片中间部分旋划割开取出，留下颈圈和足圈的泥料。另外，须做好嘴、把、配制壶盖，并用各种"线梗"（用牛角或竹木做的专用小工具，作用有些像木工制作窗框、镜框时用的"线刨"）对各部位的线型转折处反复勒压、剔理，使棱线清晰流畅。砂壶盖子的下面，有一圈直而宽的"子口"，子口的外径，务必与壶口内径紧密吻合，并能通转。安装壶把壶嘴时，先找到打身筒时泥片的接缝处。一般在接缝处的一侧先安装壶把，再在接缝处对侧位预先挖好通水筛孔，然后黏接壶嘴。务使嘴、把和身筒的垂直中心部面叠合在同一剖面上。这时，茶壶的坯件就基本完成，余下的工作是用明针通身压光，达到"坯件脱手则光能照面"的要求。最后在壶底和盖里打上作者的名号印章，晾干，等待进窑烧制。

（2）镶身筒

方型壶类（包括四方、六方、八方等）的成型方法，主要是用镶身筒的办法。也是先打泥片，根据设计意图配制样板，按照样板裁切泥片，用湿泥将各泥片镶接黏连起来，做成一个小的泥盒子，就是茶壶的雏形。再用工具拍、勒、压，配制嘴、把、盖、钮，整饰完成。

这种打泥片的工艺方式，实际上是用外力使泥颗粒紧压密实，泥门排列整齐。这样做，比近代的注浆成型的产品要牢固结实得多。

好的原矿紫砂泥料有极其良好的可塑性，又有烧成不易变形的优点，采用这种特殊的成型工艺，可以保证尺寸符合规格而款式有丰富的变化。

(3) 注浆成型工艺

注浆成型法是近代陶瓷生产中广泛采用的成型方法,利用石膏模型的吸水性,把泥浆注入模中后将石膏模脱开,便可得到一件中空的泥坯。

20世纪70年代初期,宜兴紫砂工艺厂研究室组织试验紫砂注浆茶壶和雕塑工艺,试验中,采用川埠红泥为基泥,内加长石、石英等粘性泥料,增加注浆性能;加入水玻璃,使注浆用泥减少了实际水分,注出的坯体还可以用水笔清洗;修理加工的方法完全不同于紫砂泥,烧成后的外观效果与紫砂极相近。但问题在于:①按国际惯例,注浆产品不适用于高档艺术产品的生产;②紫砂注浆适合于大批量的产品生产,因此紫砂产品生产的数量要多,工厂一般没有一个品种有这么大批量的产品供生产;③注浆产品不管是茶壶还是雕塑,它的模型结缝太明显,又无法彻底消除;④烧成后它的属性应为炻器,断面又呈玻璃相,不透气,失去了紫砂壶储香透气的优点;⑤注浆雕塑只能做小件的作品,因为它的收缩率太大,坯体强度差,不适宜制作大件、大型的雕塑,且废品率比较高。因此,在20世纪70年代早中期的试制过程中,只有部分产品成功,并流向社会,为极少数人收藏。由于坯体强度差,目前紫砂壶注浆产品也以小件为主。

(4) 石膏模的使用

石膏模完全不同于注浆成型用模。石膏模应用于复杂异形、多变和具有一定产销量的中低档茶壶、雕塑等。它只是一种整形的辅助工具,用拍打好的泥片、身筒放入模型内成型,然后取出再做加工,有助于产品的形制规范。雕塑作品就更需要模型的辅助,这与注浆需要模子有共同点。

石膏模型在紫砂生产中的应用,对紫砂陶艺的发展有相当影响,客观地说,有积极的一面,也有消极的一面。从积极方面说,了解石膏模在紫砂陶上的应用情况,有助于对于紫砂作品的断代,以及艺术质量的鉴别。另外，石膏模的应用，统一了产品的生产规格，提高了形制的准确性，有利于批量生产，缩短了一般技术工人的学习周期。一些工人在学会打泥片后，无需获得打身筒、镶泥片的技艺，凭借石膏模便可做茶壶。但也正是这样，茶壶的艺术生命在一定程度上遭到扼杀，创新精神受到阻断，手工技艺含量降低。这是其消极的一面。

紫砂陶生产中普遍应用石膏模，是从1958年开始的。所以在1958年以前，紫砂生产不管是粗货、细货还是特艺品，均系纯手工制作。

2. 紫砂器的装饰手法

明代紫砂壶多为"光货"，与明代家具一样追求简洁、注重内涵，也有少量贴花、堆花、印花、雕漆（剔红）等装饰。而清代则在紫砂壶的装饰上追求华丽，装饰繁复，主要装饰方式有：

（1）刻诗刻画

紫砂壶最常用的一种装饰方式，即在半干的坯体上用竹刀、金属刀刻上诗句、款识或绘画（图2-9）。此手法在清嘉庆、道光年间趋于成熟，使紫砂壶体集诗、书、画、印于一身。

图2-9 "文革"时期 四方壶壶身刻竹纹

(2) 上炉钧釉

明清两代,宜兴本地生产一种仿钧釉陶器,称为宜钧,釉色有天青、天蓝、灰蓝、云豆等色调。清代乾隆、嘉庆年间,紫砂壶制作受宜钧影响,在已烧成的成品上再施上釉料,入窑二次烧成,即为紫砂炉钧釉壶(见图典3)。

(3) 上粉彩

粉彩是一种瓷器装饰形式(图2-10),在瓷器的影响下,清代乾隆时期,宜兴紫砂受其影响,也在紫砂成品上再施粉彩,入窑烧制,此装饰方式一直沿用至今。

(4) 包锡

由清代嘉庆道光年间朱石梅首创,在紫砂壶胎外包一层锡,再在上面刻字(图2-11)。

(5) 镶铜锡

一种出现于清代晚期的装饰方式,是用铜锡合金将紫砂壶嘴、盖等包裹起来,壶体大部分露在外面,以产生新颖的视觉效果。

图2-10　晚清　紫砂粉彩瓜棱狮形壶

图2-11 清道光 锡包紫砂蓝釉玉柄斗杯

（6）包漆描金

出现于清代早期的装饰方式，既将壶通体包漆（植物漆），在漆地上先用金胶漆描绘花纹，在其未完全干时把金箔或金粉粘上去。

3.宜兴紫砂器的款识

紫砂壶制成后，一般都会刻上款识。历代款识均具自身的特点，明代常将款识刻在壶底和把下；而清代在明代款识特点的基础上，还在壶盖内刻款，清末又在壶把上加印记，还有在壶腹、壶肩上刻款的，称腹款、肩款。目前紫砂通常在壶底（称底款）、壶盖内（称盖款）和壶把下加盖（刻）印记。

历代紫砂壶款识一般有：人名款、地名款、纪年款、斋号款、纪念款、商标款、图形款、吉语款、闲章款等。

人名款　又称陶人款，约起源于明万历时期或更早，一般为制壶艺匠的款识，也有名家仿款，如在民国制壶上刻上"赵大亨制"名款等。

地名款　民国时有"宜兴内用"、"宜兴紫砂"、"宜兴名壶"、"龙

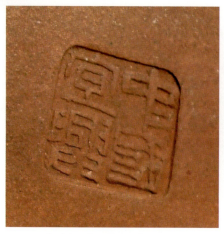

图2-12 紫砂壶"中国宜兴"款

山名砂"、"蜀山名壶"等,其中"宜兴"(图2-12)、"龙山"(指紫砂泥产地黄龙山)、"蜀山"(宜兴丁蜀镇由当地的丁山和蜀山合称而来)都是地名。

纪年款　清代有帝王款如"康熙御制"、"乾隆年制"、"嘉庆年制"、"大清雍正年制"等。

斋号款　又称堂名款,以堂名、轩名、斋名刻于器物上。明代晚期有"万玉山房"、"茶香室"、"源远堂",清代有"五福堂"、"静远斋"、"筠石居"、"澹然斋"、"桑连理馆"、"阿曼陀室"、"乐陶陶室"、"博雅居"、"宝华庵"、"日岭山馆"等。

商标款　清代有"玉香斋"、"雷仁堂"、"权寅敕记"、"为记"、"艺古斋"、"金鼎"、"铁画轩"、"德丰陶器"、"万丰顺记"、"豫丰"等。

吉语款　题刻有吉祥含义的款识,晚明时有"天下太平"、"万福攸同"、"三元及第"、"双利"、"福"、"寿"等。清代沿袭明代,有的礼器上仅题"喜"或"庆"等一字。

第二节　宜兴紫砂器制作历代名家

据现有的文献记载,紫砂壶的创始人是明代正德年间的龚春(供春),供春壶目前藏中国国家博物馆。

供春是明代正德年间宜兴人,据传当年供春侍候主人吴颐山住在金沙寺里读书,见一老僧炼土制壶,成品精美,就在空闲的时候仔细研究老僧的制陶技术。久而久之，他掌握了这一套复杂的技术。他私下取了一点老僧制壶后洗手沉淀在缸底的陶土做坯，把寺旁的大银杏树的树瘿作为壶身的表面花纹，做成几把茶壶。当时他没有工具，只有一把茶匙用来挖空壶身，并完全用手指按平胎面，捏炼成型。因此，他的茶壶烧成后，茶壶表面上就有"指螺纹隐起可按"的痕迹，显得古朴可爱，很像三代的古铜器。

有一次，供春做的茶壶被主人吴颐山看到了，以为质朴古雅，便叫供春照样再做几把，一面又请当时的社会名流加以鉴赏。不消几年，供春竟然出了名，他的作品为时人所珍爱，收藏家竞相搜购。从此，供春就离开了吴颐山家，摆脱了仆僮的生活，专门从事制陶事业，他的制品也被称为"供春壶"。

供春壶造型新颖精巧，温雅天然，质地薄而坚实，当时已经负有盛名，所谓"供春之壶，胜于金玉"。

供春所制茶壶，款式不一。他还创作过"龙蛋"、"印方"、"刻角印方"、"六角宫灯"等新颖式样，而尤以"树瘿壶"为世所宝重。此壶乍看似老松树皮，呈栗色，凹凸不平，类松根，质朴古雅，别具风格。也许是出于对自己绝技的矜重爱惜，供春的制品很少，流传到后世的更是凤毛麟角。

龚春传授时大彬、李仲芬，两人与时大彬的弟子徐友泉并称为万历以后的明代三大紫砂"妙手"。但以时大彬成就最高，其制作的紫砂壶风格高雅脱俗，造型流畅灵活，虽不追求工巧雕琢，但匠心独运，朴雅坚致，妙不可思。

清初人陈鸣远以生活中常见的栗子、核桃、花生、菱角、慈菇、荸荠的造型入壶（图2-13），工艺精雕细镂，善于堆花积泥，紫砂壶的造型更加生动、形象、活泼，使传统的紫砂壶变成了有生命力的雕塑艺术品，充满了生气与活力。同时，他还发明在壶底书款，壶盖内盖印的形式，到清代形成固定的工艺程序，对紫砂壶的发展产生了重大影响。

图2-13 清代 陈鸣远制紫砂百果

清代嘉庆、道光年间的陈曼生是紫砂壶历史上又一位重要人物。陈曼生本名陈鸿寿,字曼生,清代著名篆刻家、书画家、制陶家。清乾隆三十三年(1768年)生,道光二年(1822年)卒,浙江钱塘(今杭州)人。其斋名曰:阿曼陀室。嘉庆六年(1801年)拔贡,官淮安同知。他曾设计有紫砂壶样十八式(图2-14),由制陶家杨彭年为之制作,经其刻诗词书画或壶身镌刻"阿曼陀室"铭文,风行一时,有"曼生壶"之称,得者珍视如璧。

陈曼生以"阿曼陀室"的壶底印款,推动了清中期紫砂历史的更新

图2-14 "曼生十八式"紫砂壶(部分)

与发展。他不光自己设计、监制,还亲自制作、篆刻了一些精彩的壶艺精品。不仅让他操练有数的金石书法大放异彩,也圆了文人亲自手制紫砂壶之梦。

陈曼生对紫砂艺术的贡献有两点:第一大贡献是把诗文书画与紫砂壶陶艺结合起来,在壶上用竹刀题写诗文,雕刻绘画。第二大贡献是他凭着天赋,随心所欲地即兴设计了诸多新奇款式的紫砂壶,史称"曼生十八式",为紫砂壶创新带来了勃勃生机,他与制壶艺人杨彭年的合作堪称典范。现在我们见到的嘉庆年间制作的紫砂壶,壶把、壶底有"彭年"二字印或"阿曼陀室"印的,都是由陈曼生设计、杨彭年制作的,后人称之为"曼生壶",对后世影响很大。

嘉道年间及之后又陆续出现了邵大亨、邵友兰、邵友廷、蒋德林、黄玉麟等制壶大师。据不完全统计,依据实物可考,从明正德(1506年)开始,至清宣统(1911年)止,以各种形式参与紫砂陶瓷设计、创作的著名学者、诗人、艺术家达90余人。

20世纪30年代相继出现的名家俞国梁、冯桂林、程寿珍、任淦庭、蒋燕亭、王寅春、吴云根、裴石民、朱可心、顾景舟、蒋蓉等人,他们将历代紫砂陶艺的技巧传承至今,其中以朱可心的花货、吴云根的竹货、王寅春的筋纹器吻合严密尤为出色。裴石民则享有"陈鸣远第二"之称。顾景舟光货仿古、提梁、僧帽、口盖严密。蒋蓉的荷花壶、南瓜壶、荸荠壶被英国维多利亚博物馆收藏。裴石民的弟子何道洪的光货,其雄厚、扎实的功底,无可挑剔。任淦庭弟子徐秀棠作品均以人像为题材,神态极为传神。

第三节 紫砂壶的特点与艺术之美

一、紫砂壶的特点

紫砂茶壶的兴盛与饮茶风尚的盛行有着极为密切的关系。前人总

结出紫砂壶的七大优点:

其一,用以泡茶不失原味"色香味皆蕴",使"茶叶越发醇郁芳沁";其二,壶经久耐用,即使空壶以沸水注入也有茶味;其三,茶叶不易霉馊变质,"茶壶以砂者为上,盖既不夺香,又无熟汤气";其四,耐热性能好,冬天沸水注入,无冷炸之虞,又可文火炖烧;其五,砂壶传热缓慢,使用提携不烫手;其六,壶经久用反而光泽美观,"壶经久用,涤拭日加,自发黯然之光,入手可鉴";其七,紫砂泥色多变,耐人寻味。

紫砂陶是一种介于陶和瓷之间的炽器,属于半烧结的精细茶器,具有特殊的双气孔结构,透气性极佳且不渗漏。由于这种特性,所以它能吸收茶汁,壶经久用,自然能于内壁累积出"茶垢",俗称"锈",此时即使不置茶叶,单以沸水冲入亦能泡出淡淡的茶香来。

紫砂茶具使用越久,不但壶身光泽越加光润,而且常用干布摩拭,更显气韵温润,这也正是藏家热衷的"养壶"。

紫砂器具有耐热性能,冷热急变性佳,寒天腊月即使注入沸水,也不易因温度遽变而胀裂,当然壶身如有暗伤另当别论。另外,紫砂砂质传热缓慢,执用时不易烫手,且性耐烹烧,可放在温火上炖煮,所以用紫砂制成的砂锅受到人们的欢迎。此外,紫砂因传热慢,所以保温亦较持久,此点对于泡用半发酵茶而言,更是一项难得的优点。

紫砂泥具有良好的可塑性及延展性,配合以特殊且精准的制壶技艺后成品口盖严密,缝隙极少,减少了含霉菌的空气流向壶内,相对延长了茶汤不变质的时间,有益人体健康。同时紫砂泥的可塑性高,虽不利于灌浆成型,但其成型技法变化万千,不像瓷器手拉坯等轮转成型法,只限于同心圆范围,所以紫砂器在造型上的品种之多,堪称举世第一。

紫砂茶具透过"茶",与文人雅士结缘,并进而吸引到许多画家、诗人在壶身题诗、作画,寓情写意,此举使得紫砂器的艺术性与人文性得到了进一步提升。

二、紫砂壶艺术之美

艺术美的形式可分为两种：一种表现为外在形式，与审美对象的色彩、肌理、形态、工艺等直接相关，称为形式美；而另一种是内在形式，指的是创作者将所体味的真、善、美的内容注入形式美之中，从而引起欣赏者美的观照，称为意象美。中国传统美学也称之为意境美，是中国传统文化艺术的精髓所在。

紫砂壶形式美主要由如下要素构成：材质、造型、工艺、装饰、烧结等，显然，形式美是紫砂壶艺术形式美的重要组成部分，具有独特的形式审美涵义。紫砂壶的造型由于紫砂泥料可塑性极佳，成型手法直接随意，具有无拘无束的表达性，可以容纳各种创意性构思，有着宽泛的艺术表现形式。从器型上来讲，紫砂壶大抵可分为圆器、方器、花塑器及筋纹器等四类；从使用上讲，又可分为把握式和提梁式两类。一般而言，圆器讲究骨肉亭匀、珠圆玉润，如美人肩、掇球、仿古等壶型；方器追求方而不板、挺而不僵、挺拔利落中见精神，如僧帽、四方、井栏等壶型；花塑器以肖形状物、形神兼具为佳，如供春、荷花、南瓜等壶型；筋纹器则以饱满流畅而有韵律取胜，如菊花、瓜棱、葵四方等壶型；至于提梁一类，则以高旷挺拔、气宇轩昂为长，如提壁、葵花提梁、曲壶等壶型。

纵观紫砂发展史，紫砂壶器形的确立无外乎三个来源：一是实用的要求，多见于圆器、方器；二是前代传器或同代器物器型的借鉴，如青铜器、玉器、瓷器等，多见于圆器、方器、筋纹器；三是师法自然，对大自然万物的肖形摹写，多见于花塑器（花货）。

近代紫砂壶器型的创作大抵有两大方向：摹古与独创。所谓摹古就是壶艺师对前人的某一壶型临摹模仿；而独创则是壶艺师根据紫砂壶的本体语言，独自创意壶的造型形态。前者侧重于继承传统，后者侧重于创意发展，其艺术境界应是殊途同归。

紫砂艺术的视觉美其实并不被视觉圄限。素器洗练,线条与造型之美首当其冲,但真正动人的还是意象。

紫砂艺术与雕塑艺术一样,所表达和表现的视觉美起初都是静止而具象的,而文学家、诗人作品所表达的美是"流动"的。紫砂艺术家要将内心奔涌的情感按捺下去,以冷静的双手捏塑出一件作品。因此杰出的紫砂艺术作品通常都具备一种主要的特征,那就是冷静和冲动同在。形式美是视觉上的,而奔涌感情的表现也是视觉上的,只是后者最终占据心灵。这个时候,紫砂艺术家尽管处在激情之中,却以平和的心态展示一个伟大、沉静的灵魂。

第四节 紫砂壶与茶文化

一、阳羡茶文化

宜兴,是中国最享有盛名的古茶区之一。秦统一中国后,滇、蜀一带的茶叶种植沿长江逐渐向中下游推广。翻阅史书,发现早在汉朝便有"阳羡买茶"和汉王到茗岭"课堂艺茶"的记载,表明宜兴早在两千多年前已开始招收学童,传授茶叶生产技术了。

到了三国孙吴时,所产"国山荈茶",名传江南。荈茶是茶的一种名称,《枕谭·古传注》中有"初采为茶,晚采为荈"的说法,而今则统称为茶。据《宜兴县志》记载:阳羡"有名山一百三十六"。"离墨山(按,即国山,三国时孙皓在善卷洞立国山碑而易名)在县西南五十里……山顶产佳茗,芳香冠他各"。山顶佳茗就是云雾茶。

到了唐代,连皇帝也喜欢宜兴名茶,规定每年要宜兴进贡茶叶。唐上元年间(760年—762年),陆羽在《茶经》中证实阳羡茶山产茶,"品质冠绝他境"。而阳羡茶是早于"建茶"南茶北贡的名贵贡品,故有阳羡唐贡茶的美称。阳羡茶在历代文人笔下是极负盛誉的。隐居茗岭的唐代诗人并有茶界"亚圣"之称的卢仝,曾在《走笔谢孟谏议寄新茶》诗中写道:"闻道新年入山里,蛰虫惊动春风起。天子须尝阳羡茶,百草不敢先开花。"曾在宜兴居住的唐代诗人杜牧在《题茶山》诗中也写下了"山实东吴秀,茶称瑞草魁","泉嫩黄金涌,牙香紫璧裁"的名句,赞赏阳羡名茶。唐代温庭筠在《采茶录·嗜》中写道:"甫里先生陆龟蒙,嗜茶荈。置小园于顾渚山下,岁为茶租,薄为瓯蚁之费。自为品第书一篇,继《茶经》、《茶诀》之后。"李郢写的《茶山贡焙歌》称颂阳羡唐贡茶是"蒸之馥之香胜梅"。现在宜兴丁蜀镇的唐贡山即因唐时产茶入贡而得名,今其村名唐贡村。光绪《宜兴荆溪县新志·卷一·疆土》记载:"唐贡山,即茶山,唐时茶入贡,故名。今其村名唐贡里,居民多艺茶茗,小峰累累,概称之曰茶山。"唐代实行里坊制,因此今唐贡村当时称为唐贡里。①

陆羽在《茶经》卷下"之事"中曾引用《桐君录》中"西阳、武昌、庐江、晋陵好茗"之说(《桐君录》一书全名《桐君采药录》,已佚,该书成书于东汉末年。参见陆羽《茶经》),这里所谓的晋陵是常州的别称,而自古以来常州辖区内多产茶的仅有阳羡。当时所谓"好茗",并不是说生产好茶或者种植好茶,应该是指出产野生茶。由此可以推断,阳羡产茶在东汉时期就有相当的名气了。

陆羽(约733—804年)又名疾,字鸿渐,唐代复州竟陵(今湖北天门市)人,是中国茶学的创立者,世人尊称他为"茶圣"、"茶祖"、"茶仙"、"茶神",所著《茶经》为世界上第一部茶书。据《茶经》卷八"之出"记载:"常州义兴(宜兴)县,生君山悬脚岭北峰下,与荆州(湖北江陵县)、义阳郡(河南信阳)同;生圈岭(宜兴)善权寺、石亭山,与舒州(安徽安庆一带)同。"②从这段文字可以看出,陆羽对阳羡茶各具体产区情况非常熟悉,可以推知,他是多次到过宜兴的。陆羽隐居浙西,实际是"言隐而不隐,居也不久居",经常与"名僧高士,谭宴永日",不时周游名山大川,频频更址迁寓。在公元760年至784年,陆羽除在湖州的长兴、武康各县外,在杭州和江苏宜兴、丹阳、苏州等地,都有其活动交往线索。由此可以推断,陆羽在浙西隐居的这一段时间,经常到宜兴茶区活动是肯定无疑的,由此也有人认为他曾寓居于宜兴,但宜兴历代的志书上没有明确记载。

阳羡茶的香郁醇厚令一代茶圣痴迷,他称赞阳羡茶"芳香冠世,推为上品"、"可供上方",阳羡茶因陆羽而扬名于当朝宫廷和民间,被选为贡品,阳羡茶也为陆羽的不朽著作——《茶经》增添了可贵的实例和浓重的笔墨。

二、明代茶人茶书与紫砂文化

1.许次纾的《茶疏》

明代的许次纾是著名的茶学者,因其出生于浙江钱塘,地近宜兴。明代自上而下对茶叶生产工艺进行改良后,宜兴和相邻的长兴生产的岕茶名噪一时,而许次纾则对宜兴的片茶情有独钟。

许次纾(1549—1604年),字然明,号南华。其所著茶学著作《茶疏》一卷,深得茗柯至理,堪与陆羽《茶经》相媲美。该书撰于明万历二十五年(1597年),前有姚绍宪、许世奇二序,后有许次纾跋。全书涉及范围较广,包括品第茶产、炒制收藏方法、烹茶用器、用水用火及饮茶宜忌等,提供了不少重要的茶史资料。

许次纾在《茶疏》中这样评论:"近日饶州所造,极不堪用。往时供春茶壶,近日时大彬所制,大为时人宝惜。盖以粗砂制之,正取砂无土气耳。随手造作,颇极精工,故烧时必须火力极足,方可出窑。然火候少过,壶又多碎坏者,以是益加贵重。"③

2.屠隆的《茶说》

屠隆是浙江鄞县(今浙江宁波)人,字长卿、纬真,号赤水、冥寥子,万历五年(1577年)进士。曾任颖上、青浦知县及礼部郎中。

屠隆对茶及茶文化颇有研究,而且深得其道。他的茶学著作《茶说》文字清新,对茶史、茶政,特别是制茶工艺的评说和记载也非常中肯、公道和科学。自唐而宋,这是中国茶文化在士大夫阶层的形成和发展时期,直到明代,茶才真正走向民间、走向世俗。所以,屠隆决意要"述国朝《茶说》十章,以补宋黄儒《茶录》之后"。

在"阳羡"一章中屠隆写到:"俗名罗芥,浙之长兴者佳,荆溪稍下。细茶其价两倍天池,惜乎难得,须亲自采收方妙。"

屠隆对饮茶非常讲究,当然对茶具也有自己的看法和认识。在文中"茶具"章说道:"器具精洁,茶愈为之生色。用以金银,虽云美丽,然贫贱之士未必能具也。若今时姑苏之锡注,时大彬之砂壶,汴梁之汤铫,湘妃竹之茶灶,宜成窑之茶盏,高人词客,贤士大夫,莫不为之珍重,即唐宋以来,茶具之精,未必有如斯之雅致。"虽未涉及宜兴紫砂壶的多少好处,但对紫砂壶的雅致,他是非常珍视的。

3.文震亨的《长物志》

明末长洲(今江苏苏州)人文震亨所著的《长物志》,是一部非常系统的小百科全书。从丹室、茶寮到书画、几榻,从花木、水石、禽鱼到器具、衣饰、舟车,从蔬果、香茗到水缸、茶壶等等,不一而足。

文震亨在《长物志》中,记述了他好品茶、好客茶的许多独到的讲究,对宜兴茶文化,特别是紫砂文化的研究极有价值。在说及"茶炉汤瓶"时,记述道:"有姜铸铜饕餮兽面火炉,及纯素者,有铜铸如鼎彝者,皆可用。汤瓶铅者为上,锡者次之,铜者亦可用。形如竹筒者,既不漏火,又易点注;瓷瓶虽不夺汤气,然不适用,亦不雅观。"可见,那时用以盛水的器具,不太用陶瓷制品。

关于"茶壶",文震亨认为:"茶壶以砂者为上,盖既不夺香,又无熟汤气。供春最贵,第形不雅,亦无差小者。时大彬所制又太小,若得受水半升,而形制古洁者,取以注茶,更为适用。其'提梁'、'卧瓜'、'双桃'、'扇面'、'八棱细花'、'夹锡茶替'、'青花白地'诸俗式者,俱不可用。锡壶有赵良璧者亦佳。然宜冬月间用。近时吴中'归锡'、嘉禾'黄锡',价皆最高,然制小而俗,金银具不入品。"时大彬的小壶,文震亨是不大喜欢的,原因大概是在文震亨看来,饮茶不是个人的事,而应该是在"茶寮"几人共享,所以要适当大一点。

在说"茶盏"时,文震亨认为:"宣庙有尖足茶盏,料精式雅,质厚难冷,洁白如玉,可试茶色,盏中第一。世庙有坛盏,中有茶汤果酒,后有'金箓大醮坛用'等字者,亦佳。他如'白定'等窑,藏为玩器,不宜日用。盖点茶须燂盏令热,则茶面聚乳,旧窑器篹盏令热则易损,不可不知。又有一种名'崔公窑',差大,可置果实,果亦仅可用榛、松、新笋、鸡豆、莲实,不夺香味者;他如柑、橙、茉莉、本樨之类,断不可用。"④

4.谢肇淛的《五杂俎》

谢肇淛是明代晚期一位非常重要的文化人物,他利用业余时间,勤奋笔耕,留下几十卷诗文集外,还有近二十种著作,其中以《五杂俎》最为著名,在众多的明清笔记小品中占有一席之地。《五杂俎》一书多记掌故风物,共十六卷,分为天、地、人、物、事五部。分门别类考录历代典实,参互考证,并详细加以评论。

《五杂俎》卷之十一"物部三"中,谢肇淛写到:"今茶品之上者,松萝也,虎丘也,罗岕也,龙井也,阳羡也,天池也,而吾闽武夷、清源、鼓山三种可与角胜。"

在《五杂俎》中,有关宜兴紫砂壶的记述非常简单,在卷之十二"物部四"中载:"茶注,君谟欲以黄金为之,此为进御言耳。人间文房中,即银者亦觉俗,且诲盗矣。岭南锡至佳,而制多不典。吴中造者紫檀为柄,圆玉为纽,置几案间,足称大雅。宜兴时大彬所制瓦瓶,一时传尚,价遂涌贵,吾亦不知其解也。"⑤

5.《茶谱》、《茶解》、《茗笈》等

有明以来的第一本茶书,出自朱元璋儿子之手,他就是宁王朱权。朱权是太祖十七子,一心向茶,别无他求,安逸地度过一生,并写下了《茶谱》。

在《茶谱》中,宁王自然不会忘记描述自己用过的茶具,如茶瓯、茶瓶等。对于茶瓯,他说:"古人多用建安所出者,取其松纹兔毫为奇。今淦窑所出者与建盏同,但注茶,色不清亮,莫若饶瓷为上,注茶则清白可爱。"对于茶瓶,则说:"瓶要小者易候汤,又点茶注汤有准。古人多用铁,谓之罂。罂,宋人恶其生铽(锈),以黄金为上,以银次之。今予以瓷石为之。通高五寸,腹高三寸,项长二寸,嘴长七寸。凡候汤不可太过,未熟则沫浮,过熟则茶沉。"⑥这里所说的茶具,都是建州、饶州的瓷器,说明明代初年,就是在南京,宜兴窑还没有很大的影响。

明代生物学家屠本畯对茶叶和茶文化非常有研究,他所作的《茗笈》一书,汇集了前人和当时人对茶的认识和论述。《茗笈》,共两卷16章,对茶叶的生产、制作、贮藏、冲泡等,记述甚详,同时,有专门一章节记述茶具,叫"辨器",其中有"茶壶往时尚龚春,近日时大彬所制大为时人所重,盖是觕砂、正取砂无土气耳"之语,明显是许次纾《茶疏》里面的摘录。他评价道:"鍑宜铁,炉宜铜,瓦竹易坏,汤铫宜锡与砂,瓯则但取圆洁白磁而已,然宜少。若必用柴、汝、宣、成则贫,士何所取辨哉?许然明之论,于是乎迂矣。"在他看来,锡制茶壶和紫砂茶壶是相当的,这也是从实用、坚固角度来认识的,其中的"宜茶性"他还没有认识,特别是对许次纾的观点,他是不赞同的,"许然明之论,于是乎迂矣"。这也是一种时代的局限吧。

与屠本畯同时代的另一位浙江人罗廪,浙江慈溪人,凭自己对茶的研究和认识,写了《茶解》一书。据专家推测,其《茶解》一书大约撰于万历三十三年(1605年),有屠本畯序。此书中对茶具有些记载,如茶炉、茶注、茶壶、茶瓯等。书中记载:"炉,用以烹泉,或瓦或竹,大小要与汤壶称。""注,以时大彬手制粗沙烧缸色者为妙,其次锡。""壶,内所受多寡,要与注子称。或锡或瓦,或汴梁摆锡铫。""瓯,以小为佳,不必求古,只宣、成、靖窑足矣。"⑦这里对宜兴紫砂的认识,明显要比屠本畯到位,所论时大彬的茶注,突出一个"妙"字,颇有些文人雅趣。

6.周高起的《阳羡茗壶系》

明人与宜兴紫砂文化,实际上还要谈起江阴周高起和他的《阳羡茗壶系》,一来他是个有名的茶人,对茶,特别是当时的宜兴岕茶研究颇细;二来他是个收藏爱好者,除书以外特别爱好宜兴紫砂。同时,由于和同时代的宜兴紫砂收藏家、著名艺人交往深入,对茗壶进行过系统研究,他的《阳羡茗壶系》是早期研究宜兴紫砂的第一部专著。

周高起,字伯高,江苏江阴人,和宜兴相去不远,故有机会常来宜兴。从他所撰写的《洞山岕茶系》、《阳羡茗壶系》两部传世巨作看,他对宜兴非常熟悉。从他描写宜兴茶和宜兴壶的方法和内容看,他的学识才华也是非常出众的,考查认真和深入,同时对宜兴茶和壶的出产地也了如指掌。在宜兴吴氏家族、时大彬徒弟等人的帮助下,他深入宜兴陶瓷产区调查考察,完成了不朽的鸿篇巨著——《阳羡茗壶系》。

据专家考证,《阳羡茗壶系》撰写于崇祯十三年(1640年)前后,该书共一卷,除序言以外,分为创始、正始、大家、名家、雅流、神品、别派等篇。书中以品系人,后列制壶家及风格品鉴,并论及紫砂泥品、品茗用具之宜等。此书是研究宜兴紫砂茶具及紫砂文化的重要著作。

三、清代文人与紫砂著书立说

1. 周容与《宜兴瓷壶记》

《宜兴瓷壶记》的作者周容(1619—1692年),明末清初鄞县(今浙江宁波)人。周容是明代诸生,负才名,有侠气。清顺治十一年(1654年),周容寓阳羡(即宜兴),见主人制紫砂壶整个过程后,写下《宜兴瓷壶记》一文。这是继周高起《阳羡茗壶系》后,历史上第二篇紫砂专文。

2. 吴骞与《阳羡名陶录》

《阳羡名陶录》的作者吴骞(1733—1813年),浙江海宁人,清贡生。学识渊博,能画工诗,藏书5万余卷,著《阳羡名陶录》上、下两卷。上卷由原始、选材、本艺、家溯四部分组成,下卷由谈丛、文翰记两部分组成。《阳羡名陶录》在周高起《阳羡茗壶系》基础上,加入作者亲眼所见或耳听传闻,并收集作者当时所能汇集的,与紫砂有关的文人小品文、诗、词、赋,为后人考察明清紫砂名人、紫砂陶土、紫砂工艺和紫砂文化提供了可靠的资料。《阳羡名陶录》成书于乾隆丙午年(1786年),内容丰富,资料翔实,是一部不朽的紫砂著作。

3.张燕昌与《阳羡陶说》

《阳羡陶说》的作者张燕昌(1738—1814年),字文鱼,浙江海盐人。张燕昌的紫砂专著《阳羡陶说》记载了他所见到的时大彬、徐友泉、陈鸣远等紫砂名家的作品。由于张燕昌结交广泛,又精于鉴赏,所以在记述时着重描写一些细节和事由,对我们了解当时紫砂在文人圈子里的情形,提供了难得的线索。

注释:

①南京大学文化与自然遗产研究所、宜兴市文化广播电视出版局、江苏省城市规划设计研究院编著:《陶都文化探胜——宜兴市文化遗产资源保护与继承研究》,文物出版社2009年版。

②程启坤等著:《陆羽<茶经>解读与点校》,上海文化出版社2003年版。

③熊廖、熊微编著:《中国陶瓷古籍集成》,上海文化出版社2006年版。

④[明]文震亨著,海军、田君注释:《长物志图说》,山东画报出版社2004年版。

⑤[明]谢肇淛撰,郭熙途校点:《五杂俎》,辽宁教育出版社2001年版。

⑥⑦吴龙辉主编:《煮泉小品——品茶艺术经典》,中国社会科学出版社1993年版。

第三章 紫砂产业与紫砂经济

第一节 历代紫砂壶生产营销历史

紫砂壶的创始年代,一般都根据《阳羡茗壶系》、《阳羡名陶录》等著录定在明代正德年间,最早见于记载的制壶人是明代正德至嘉靖年间的龚春(又作"供春")。从明代嘉靖至隆庆的50年中,紫砂工艺有了初步的发展,而从明代万历年至清代乾隆中期的这100多年中,是紫砂工艺的繁荣时期。明代万历年间紫砂工艺繁荣期开始出现有这样几个原因:一是明代具备了发展手工业的社会条件。由于元代统治者驱使大批优秀手工艺工人到官府、军营中去,成为奴隶工匠,比之宋代独立手工业和雇佣工匠的生产关系是一种严重的倒退。到了明代,匠户开始从工奴制度中解放出来,他们在按期轮流应役之余,可以自由制成手工业品,并自由投入市场,除应交纳的税赋外,不受任何限制。到了成化年间徭役制度被宣告废止,得到自由的工匠对推动陶瓷工业的发展有着重要的作用;其次是明代中晚期文人茶风盛行,刺激着陶瓷业生产的发展,紫砂壶作为优质茶具蔚然成风,制作名家辈出,壶艺款式不断翻新,成为上至达官贵人、下至平头百姓喜爱的雅俗共赏的实用器与艺术品。

历代紫砂器生产方式一般都是由艺人自选泥料,做成坯胎,然后委托窑户烧成,也有由窑户从艺人手中收购上市,紫砂艺人都是分散在一家一户、灶头床前的手工业者。

清代晚期,由于闭关自守的政策被打破,西方古董商贩到中国大量收罗中国文物和新工艺品,紫砂器也不例外。为了满足日益扩大的国际市场需要,于是大量仿制品出现,新品式样新潮、装饰华丽,这也为紫砂生产的发展找到了一条新途径。

这个时候的宜兴制陶业都由地主投资兼营,业主(窑户)是地主兼工商业者,他们在农忙时临时停工从事农业生产,农闲时又临时停工从事窑业生产,而大部分制陶工人也是亦工亦农。

此时紫砂器的国内市场需求也很旺盛,紫砂茶具一般制品面向普通民众,精制壶具仍然为名人雅士、嗜茶好壶之人所青睐。从1850年到1910年间国内紫砂销售确保无虑,以下是这个时期宜兴丁蜀镇窑户在各地开设的陶器商店一览表:

地点	店号	店主	开设年份
上海	鲍生泰	鲍家	1850年
上海	葛德和	鲍家	1860年
江苏常熟浒浦	诚泰	鲍家	1870年
浙江常浦	同泰	鲍家	1875年
上海	福泰	陈子环	1880年
江苏常熟浒浦	陈义隆	陈子环	1880年
江苏江阴	元隆盛	陈子环	1880年
杭州	张万庆	张自清	1903年
常州	永大昌	鲍家	1910年
无锡	信泰	鲍家	1910年

无锡	鲍金泰	鲍家	1910年

本表摘自《宜兴陶瓷发展史》①

辛亥革命以后，中国民族资产阶级兴起，并试图振兴民族陶瓷业，这个时期宜兴出现了民族资本家兴办的利永陶瓷公司、振华公司、吴德盛等窑务单位，并作出了一些成绩：1916年用原色泥配制成功墨绿色泥和紫檀色泥；又制成了低火釉的古铜色、均青色、雨过天青色等釉料；又成功试验出吹釉、挂釉、贴花、印花等加彩技法；1918年发明了用宝砂磨光诸法。1921年，利永陶瓷公司还在丁蜀镇开办了利永陶工传习所，培养艺徒，以期扩大紫砂工艺的创作队伍，并在后山建立了窑身长达30余米的新龙窑。

在振兴实业的潮流中，宜兴陶瓷业又出现了一批新窑户，他们以手工工场代替了传统古老的手工作坊，拥有窑40多座，并集中在蜀山、川埠、潜洛一带进行生产。当时专烧紫砂的窑有10座，每窑每月开烧一次，每次烧制紫砂器上万件，全年产量高达一百多万件，超过了历来烧制紫砂器的水平。当时各手工工场雇佣的工人少则一二十人，多则百人。

当时除了新型的手工工场外，仍然还有大量分散的家庭手工业工人存在，如紫砂村各家庭手工业者（图3-1）。新窑户也仍然以收购

图3-1 宜兴紫砂村

当地乡民的半成品进行烧窑加工,然后投入市场作为他们经营方式的补充。1919年《江苏省实业考察报告》中记载:"蜀山、丁山、汤渡、川埠一带沿山居民,家家制坯,户户捶泥,面积散处数乡,窑座共四十余座。蜀山、川埠专制紫砂茗壶,饮食器皿,花盆花瓶等。"②

在此期间,宜兴地区还开设了一些陶瓷学校培养紫砂人才,除了最早开办的利永陶工传习所,1931年江苏省公立宜兴职业学校在丁蜀镇创设了初中陶工科,招收艺徒11人,聘请紫砂名师朱可心等执教,实习工场安排在江苏省省立陶业工厂。1933年在陶工科的基础上创建了江苏省陶瓷职业学校,学员扩至30名,学制3年。1937年因抗战爆发而停办,1946年复校,招一年级新生28人,二年级学员18人,实行半工半读,开设语文、数学、英语、理化和公民等文化课,专业课有陶瓷学大意、美术、图案和雕刻等,仍由朱可心等任实习课教师,至1950年该校停办。

抗日战争时期,宜兴窑业衰败,很多窑座厂房被毁,技工流散,烧窑锐减,烧窑数量只有战前的5%。直到抗战胜利后元气也没有完全恢复,全年紫砂陶器烧窑产量也只有战前的57.8%。1948年11月18日《经济周报》刊登的《疟疾式的宜兴货陶业》一文这样写道:"1948年年产紫砂20窑次,都是民间茶饭要的普通粗茶具,窑业的危机也给工匠们带来了苦难。"③这时候的宜兴紫砂艺人流亡的流亡、弃业的弃业,战前有统计的700多名紫砂艺人队伍这时只有20多人。

1949年以后,很多紫砂艺人回归重操旧业,新政府首先让紫砂从业人员组织陶器产销联合营业处,专事管理生产和销售产品的业务,使过去一直分散经营的紫砂工业走向联合经营,使生产与销售逐步纳入计划化的轨道。1954年10月由裴石民、吴云根、朱可心、施福生、范正根、邵六大、范祖德组建紫砂工场,属于汤渡生产合作社;1955年—1956年,蜀山、前墅一带紫砂行业组建宜兴县蜀山陶业生产合作社,1957年为培训紫砂技工合作社成立了红专"大学",学员白天学习紫砂陶器制作,晚上学习文化技术和时事政治等课程。1955年10月,宜兴紫砂工艺厂

（俗称"紫砂一厂"）在蜀山陶业生产合作社基础上成立，这是宜兴当代紫砂业历史最悠久、设备最好、规模最大、技艺最强、质量最高、当代紫砂工艺大师最多，并拥有一大批高、中、初级工艺美术师和经营管理人员的当代"官窑"，在国内外享有盛誉。1958年，该厂成立了宜兴紫砂中学，先后共招了两届学生共194名学员，1959年该校学生制作的茶具和工艺品获全国"勤工俭学成果展览会"优秀成果奖，该校于1960年年底停办。

1958年，南京艺术学院美术系受江苏省手工业管理局特种工艺美术处委托，创办工艺美术专修学校，学制3年，内设紫砂班，学员10名由宜兴紫砂陶业生产合作社推荐选送，主要学习工艺美术基础课程及紫砂创作设计理论。1961年毕业的储立之、吴震等均已成为当代紫砂名家。1962年工艺美术专修学校停办。

1959年江苏省宜兴陶瓷工业学校创立，并办学至今。

20世纪80年代初，中国大陆实施改革开放政策，宜兴紫砂产业再度兴旺，从1980年起相继出现了紫砂二厂、紫砂三厂、紫砂四厂、紫砂五厂、江南紫砂工艺陶瓷厂、荆溪紫砂工艺厂等，还举办了中国宜兴陶瓷艺术节、紫砂文化国际研讨会、国际陶艺研讨会等，古老的紫砂陶瓷业再次进入了一个繁荣发展时期。

当代的紫砂工艺大师首推顾景舟，他在从事紫砂陶艺六十余年中，将制壶技艺提高到炉火纯青、登峰造极的地步。其他如朱可心、高海庚、裴石民、王寅春、吴云根、蒋蓉、吕尧臣、徐汉棠、徐秀棠、顾绍培、汪寅仙、鲍志强、李昌鸿、周桂珍、潭泉海、凌锡苟、储立之、吴震等也各具特色。

第二节 紫砂器的海外影响与国际贸易

明代末期，由葡萄牙商人率先将宜兴紫砂器运往欧洲，一时被称为"红色瓷器"的紫砂器在欧洲赢得了良好的声誉,成为畅销品。德国、法国、意大利和北美洲的美国陆续成为紫砂器西洋贸易的目的地。据沃尔卡著《瓷器及荷兰东印度公司》记载:1680年约1635件宜兴茶壶运抵阿姆斯特丹;1679年由福建漳州运抵巴达维亚(今印尼的雅加达)7箱朱泥茶壶,第二年又从澳门出口了320件浮雕纹饰朱泥茶壶。葛登的《外销瓷器》载:英国东印度公司记录,1699年由拿骚号运抵伦敦82件朱泥茶壶,1703年由诺森伯兰号运抵出售1078件朱泥巧克力杯。④

由于紫砂器在海外热销,当时法国市场上还出现过仿冒的紫砂器。英国人白谢尔著、戴岳翻译的《中国美术》(民国十二年商务印书馆版)卷下载:"后有意勒尔氏者,在斯泰夫洲烧造各种红色器皿,与宜兴窑之体制形式如出一范,故弗郎克尝谓英人所烧之窑,与东方者不易辨认云。"德国陶瓷专家巴第尔氏也曾仿造宜兴紫砂陶器,并于1708年撰写了专门文章《朱砂瓷》,论述宜兴紫砂陶器。⑤

约在日本江户时代(1603—1867年)末期宜兴紫砂器开始输入日本,逐渐成为当时宜兴紫砂器海外贸易最大的市场。日本人特别珍赏煮茶的紫砂小壶,尤其是对镌刻有"陈鸣远"、"惠孟臣"(明天启、崇祯年间宜兴紫砂名家)等款署的紫砂壶特别珍视。在日本常滑地方,有位名叫平野忠司的医生酷爱紫砂茗壶和花盆,曾鼓励和指导日本陶工片冈光二在常滑试制紫砂陶,为日本常滑朱泥陶奠定了基础。明治(1868—1914年)初期,日本已有不少收集紫砂器的收藏家,其中一位藏家奥兰田还在明治甲戌(1874年)冬出版了紫砂壶研究专著《茗壶图录》。

除了西洋、东洋生意外,宜兴紫砂器还销往南洋一带,主要是新加坡、泰国、马来西亚、菲律宾、印度尼西亚、越南、老挝、柬埔寨等国家。清代光绪二十八年(1902年),宜兴丁山白宕大窑户鲍氏和陈氏在新加坡开设了"鼎盛福"陶器商号,销售宜兴紫砂产品。而从明代开始,宜兴紫砂就销往暹罗(泰国),各式独钮茶壶很畅销;当地的中国人还专门定制小茶壶泡工夫茶。

　　1985年，英裔澳人哈澈发现了清乾隆十六年（1751年）在新加坡港东南方沉没的捷达麦森号货船，并将其打捞出水，船上发现了10件紫砂壶。另外，被打捞出水的清道光元年（1821年）在南洋沉没的泰兴号上发现了更多的紫砂壶。这批紫砂壶中数量最多，也是最值得注意的是一批工夫茶壶，其形制多达10种，基本涵盖了工夫茶壶的主要品类。胎质以朱泥为主，偶有少量紫泥。其艺术特征和闽南地区清代墓葬出土的朱泥壶完全一致，都是宜兴产销，底款多写刻诗词，并署"孟臣制"行书阴文款。清道光年间（约1845年左右）在南洋沉没的迪沙如号是19世纪40年代航行于中国与南洋间载运陶瓷货物和木质商船。其出水文物也有宜兴出产的陶瓷缸瓮和紫砂壶，其中有300把较完整的紫砂壶和更多紫砂残片，估计当时船上约有800把紫砂壶，多为紫泥，形制比较单一，绝大部分是较小的梨形壶和直流扁腹壶，底款也多是通行的"孟臣"款，是较为低端的日用商品壶。从这些出土紫砂壶可以看出，这些砂壶多为南洋华裔需求而制作，为冲泡工夫茶所用，承袭了福建及潮汕茶俗。

　　清代晚期清政府实行门户开放政策，西方古董商贩到中国大量收罗中国文物和新工艺品，紫砂器也不例外，为了满足日益扩大的国际市场需要，于是大量历代仿制品出现在市场上，同时新品式样新潮、装饰华丽，适合欧洲消费者口味，这也为紫砂生产的发展找到了一条新途径。

　　晚清至民国时期，随着近代中外经贸往来的增加以及国内商业资本的发展，使宜兴紫砂业发生了重大而深远的变化，那就是由传统的手工作坊式的制作逐步转变为近代陶瓷商号或公司的批量生产。而近代商业的发展又要求这些公司改变传统的营销模式，他们往往在宜兴开设作坊，在上海、天津、杭州、无锡等地开设商行或公司，紫砂壶则由名工按样制作，从宜兴订坯烧成，然后刻署商行或公司的商标。有些公司的业务甚至就是以外销为主，比如"铁画轩"，它的主要产品就销往欧洲、日本和东南亚。为了拓宽销路,他们往往将紫砂壶送去参展、参赛,以推广自己的产品,并刺激该行业的工艺发展。比如,宣统二年(1910年)清政府在南京举办的旨在振兴实业、奖劝农工的"南洋第一次劝业会"上,宜兴阳羡陶业公司的紫砂陶器获金奖,宜兴物产会程寿珍等人的10件产品获金牌奖。同时,他们更是史无前例地组团参加世界博览会,让紫砂壶站在世界经济舞台之上。1915年,"葛得和陶器店"和"利永陶器公司"生产的紫砂器,在美国三藩市"太平洋万国巴拿马博览会"获头等奖和二等奖;1926年,利永公司紫砂大花瓶和多式茶具杯碟,在美国费城"万国博览会"获特等奖;1930年,宜兴紫砂在比利时举行的"列日国际博览会"获银牌奖;1932年,紫砂名家朱可心、程寿珍、俞国良、吴云根和范福奎创作的"云龙紫砂鼎"、"掇球紫砂壶"、"仿古壶"、"传炉壶"等,在美国芝加哥举行的"世界工艺博览会"展出,均获优秀奖;1935年,紫砂名师范大生创作的紫砂雕塑"雄鹰",在英国"伦敦国际艺术展览会"荣获金奖。

20世纪80年代初,中国大陆实施改革开放政策,香港紫砂收藏家罗桂祥博士就到宜兴紫砂工艺厂订购了一大批紫砂壶,要求以历史名作图样进行复制。1981年9月,宜兴紫砂工艺厂顾景舟、高海庚、徐秀棠和南京博物院宋伯胤,应香港市政局艺术馆邀请,赴香港参加"第六届亚洲艺术节",举办"宜兴紫砂陶艺展"、专题讲座、工艺示范表演,引起港台茶界人士对于宜兴紫砂茗壶的高度兴趣。紫砂壶在香港名声大振,随之而来的是港台地区掀起一股当代紫砂壶收藏热的浪潮,香港先后有"锦峰""海洋""英泰""双鱼"四大商贸公司争相订购和经销紫砂壶,形成了一个空前繁荣的陶艺市场。

而在台湾地区,宜兴紫砂壶也掀起一轮又一轮热浪。1984年2月,台湾历史博物馆举办"古代茶具特展",紫砂壶风光独好。6月,香港"茶具文物馆"开幕,从此促进了港台壶艺研究风气,活跃了台湾地区的古壶市场。

第三节 个性化的紫砂泥料生产与销售

20世纪80年代中期以前,由于实行的是大一统的国有制,私人购买紫砂矿料是"投机倒把"的犯罪行为。改革开放之后,紫砂壶制作大一统的方式难以为继,壶艺人身在曹营心在汉,墙内开花墙外香,紫砂原料总厂20世纪80年代破产。所存紫砂矿料流落到个人手中,这些人后来有的做壶,更多的则是练泥。练泥人囤积紫砂泥料,过了30年,矿料也所剩无几。20世纪90年中期以后,丁蜀镇城市建设中有矿料出产,主要在黄龙山南端的紫砂路(大水潭与黄龙山南山之间区域);丁蜀镇陶都路紫砂之源公园建设,也有矿料出产;此后黄龙山露天开采,成规模的矿料仍出产。到了2003年紫砂泥矿开始禁采。

紫砂泥矿料开采后还需要粉碎、翻晒(图3-2)、成粉(图3-3)、练泥,历代练泥长期停留在"手摇脚踏"的状态,精度与时代特点十分明显。明代因练泥较粗,制成的紫砂壶表面粗糙而缺乏光泽,而清代练泥技术提高,泥质细腻,制成的紫砂壶只要经长期把玩,表面有很好的

图3-2 翻晒紫砂原料

图3-3 紫砂原矿磨成粉

包浆。这里将各时期泥料颗粒的粗细数据介绍一下。明代紫砂泥的目数（目数是指每平方英寸内的孔数，可代表泥料的精炼程度）为26目至35目；清代前期约为35目，清中期为55目至60目；现代手工制泥为60目，但目前最大的机械练制泥可达100目至120目。

2010年6—7月间，当地政府排查摸底，让练泥企业自报储矿数字，存量将近6万吨，这还不算没有被统计的私人作坊（包括制泥和制壶艺人）所储矿料、泥料。这就是政府不开矿的理由依据。

目前，丁蜀镇以专业销售商品泥为生的练泥企业将近200家。几个大的企业，都是多种经营，主要是给花盆企业供货（极少数除外），这些人基本上都是原来原料总厂的地面人员，手里以前的矿料较多。在地下泥矿里打眼的、放炮的、运料的，日后也几乎都从事了练泥，规模较小，存料周转较快，周转期不超过两年。

黄龙山矿料（本山泥）十分紧缺，但市场上商品泥料却供过于求,主要是外山泥也进入了练泥厂,拼制泥被泥料供应商号称为独家世传矿料成为占领市场的营销手段。练泥人基本知道自己的商品泥矿料的来源,但制壶人却对商品泥究竟是本山泥还是外山泥所知并不多。

第四节 紫砂器的消费人群

紫砂壶因属于民间工艺美术创作的器皿,使得参与创作者之众是其他壶具所望尘莫及的。面对千姿百态的紫砂器型,后人在摸索出其中一些规律后,将它们大致分为三大类别:花塑器、光器和筋囊器。花塑器也叫花货,即把自然界、动植物界的生态形状,用浮雕等造型装饰手法,设计成仿生形态的茶壶;光器,也叫光货或素壶,则是以几何造型为主,如圆形、方形的壶,壶体线条利落、简约。另外,将自然界中的瓜棱、花瓣等嵌入精确的设计中,如"菊形壶",壶身是18瓣线条筋纹组成的圆体,盖和口瓣贯通一气,称为筋囊器。无论是花塑器、光器与筋囊器,各种款型都有大量追随其后的"粉丝"。

一般而言,喜欢唯美的"小资"女性更容易被花器、筋囊器所征服,因为它漂亮、逼真,而且认定它花了很多工夫。许多女性壶迷多年来一直被花器、筋囊器撩乱了眼,什么梅桩、莲子、南瓜、老鼠壶等藏了很多,那些栩栩如生、呼之欲出的紫砂壶,是这些消费者的精神家园。虽然那些枝枝叶叶里很容易藏尘或积茶渍,平添了养壶难度,甚至有时不慎弄断"金枝玉叶",免不了诱发"心绞痛",但面对花货,仍如蝴蝶般迷恋。

玩壶到了一定境界的男人,则偏爱光器,品质好的光货虽素面朝天,但它清新而淡雅,朴实而内敛,看似简洁却韵味无穷,外观直白却含蓄内敛。尤其有趣的是,喜欢光器中方壶的人,无论是制壶工艺师还是玩家,都容易显现自身的性格,这与制作、把玩其他类型的壶有明显不同。

据壶商对市场的调查，玩方器的人在北方居多，玩圆器的人在南方居多，这表明南方人的性格更中庸、更平和些，当然这仅仅是相对而言的。

注释：
①②③引自刘汝醴编著：《宜兴紫砂史》，江苏省宜兴陶瓷公司1978年油印本。
④⑤吴山主编：《中国紫砂辞典》，江苏美术出版社2007年版。

第四章　文化产业视阈中的宜兴窑文化产品

第一节　如何看待历史上形成的紫砂文化产品

吾辈述宜兴窑，一是主述古阳羡陶业基础；二是历述紫砂陶由宋元入明随茶习之变而变终成正果；三是强调文化人介入创意与工匠结合成就其文化产品的典型内质——令人赏心悦目、爱不释手，成为诸多爱好者的心仪之物或是精神寄托，是乃文化产业管理理论研究的对应历史经典案例，值得梳理。五百年历史传承，殊难能为，当今现代化企业又行所谓现代化管理而能持续发展五百年之久者不一见，而紫砂业以手工业态径自五百年集聚至今，在此期间茶文化的延续是当然助力，维持了巨大的消费人群的基础。

艺术品产生于创意，文化产品产生于文化产业运作，该运作基于对创意的与社会需求的吻合度的理解，当然在实践中对这个吻合度的认知是逐步获得的，所以超过紫砂壶的运作实践是必须观察提炼的。这可是难得的文化产业运作的成功案例，而且不是以一家企业作坊的成功为成功，而是以一个产品的成功为成功，这才是文化产业管理的精髓所在。因为一个产品的成功毋庸置疑地印证了所依凭的一种行为模式的成型固化,这种固化定型的行为模式才称得上是"文化"。这一范本的可贵之处还在于,其不自知其在运作文化产业、在生产文化产品,但是其业内确实展现了从低到高各层次的创意推广以及精粗不一的制作,应对了社会上不同层次的需求,高低有序的产品占据了能占据的市场份额,这也是文化产业管理的精髓。

文化产业管理的案例库中,最重要的一块就是历史证明了的成功案例,即能有一个较长时段上不断线的,又没有什么刻意的强权计划而真正意义上是由于市场的存在而造就的产业,那是真正的需求,不单是生理上的,而是心理上的,此乃真正经得起考验的文化产业,其发展过程所有提供的经验足为今之理论的基础。管理的内核就是人心,而文化产业的内质也是指向人心的,创意产业如果不借鉴这些经较长时段沙汰的发展过程的话,注定将成为功利性太强的浮光掠影的东西,很难抓住人心,也就很难生存下去。

第二节 宜兴紫砂文化产品市场发展的经济、政策与法律环境

近年来江苏省通过加强文化产业规划引导,加大政策扶持力度,打造文化产业集群区,逐步促进文化资源向文化产业的转变。2006年,江苏省政府出台了《关于加快文化事业和产业发展若干经济政策的通知》,明确了一系列扶持文化产业的税收优惠政策。2009年6月,江苏省又确定了文化强省建设新目标,进一步明确了包括工艺美术、文化旅游在内的文化产业发展重点。

作为江南古城,近年来宜兴市综合经济实力不断增强,国民经济正在持续快速发展。以2003年为例,全市的生产总值(GDP)实现262亿,全年财政收入为30.06亿元。由于民族文化资源丰富,宜兴的旅游业也获

得迅速发展，2003年接待国内外游客超过205.16万人次，实现旅游总收入23.75亿元。

近年来，宜兴市政府为推动紫砂产业的发展采取了一系列措施：

（1）规划紫砂产业的长远发展。宜兴市政府曾多次举办研讨会，请来了国内外的众多经济与文化领域的专家，共同规划紫砂产业的发展。其中一项规划就是兴建位于丁蜀镇的中国陶瓷城，不仅改善了紫砂行业的经营环境，并形成紫砂营销集群区，同时出台许多优惠措施，低价向业主出售陶瓷城的铺位等。

（2）推动宜兴紫砂文化的继承与发展。2006年，政府启动了宜兴紫砂工艺申报"世界非物质文化遗产"的文化工程，为紫砂历史文化的继承和发展提供了有力的保证；同时为了更好地传承紫砂文化，宜兴市各中小学在美术课上都添加了了解紫砂文化，制作紫砂壶的环节。

（3）进一步提高紫砂产业的知名度。由宜兴市政府举办的"江苏宜兴陶瓷艺术节"已经成为了"以陶为媒，以艺会友，扩大交往，促进发展"的重要平台，极大地提高了宜兴紫砂产业的知名度。

（4）宜兴政府引导民间大师成立工作室，形成创作集群，汇聚产业名片，使传统技艺永续活力，在紫砂产业中注重发挥大师附加值，融汇多种艺术形式创造个性化作品，打造品牌。

（5）加强国际交流与合作，推动紫砂文化进一步走向世界。如宜兴市陶瓷行业协会与韩国世界陶瓷器EXPO签订《陶瓷振兴协力协定书》。按照该协定书，双方将在更深的层面上展开合作，共同促进两国陶瓷文化交流。

（6）成立行业协会，指导行业发展。2002年6月，宜兴陶瓷行业协会成立，协会以服务、代表、协调、自律作为其职能，通过举办一系列的陶瓷比赛，发行报刊杂志等，推动了行业的交流与发展。

（7）保证紫砂产业发展有一个良好的法律环境。2010年5月23日，中央电视台"每周质量报告"播出了一个"紫砂黑幕"节目，在社会上引起轩然大波,被舆论称为"紫砂门"事件,历经近一个月才得以平息。为此,宜兴市委、市政府非常重视这个问题,在5月23日当天就召开了全市紫砂陶质量安全管理、市场经营秩序管理的工作会议,市政府办公室转发了宜兴市技术监督局和宜兴市工商局的两个工作意见。5月31日,宜兴市人民政府又颁布了《关于严厉打击制售假冒宜兴紫砂陶的意见》,这个"意见"一共8条,几乎涵盖了宜兴紫砂行业中存在的所有问题:第一,严厉打击添加有毒有害物质行为;第二,严禁销售危害人体健康的紫砂陶产品;第三,严厉打击假冒宜兴紫砂陶;第四,严厉打击技术职称弄虚作假;第五,严肃查处无证无照、掺假经营;第六,严厉打击骗买骗卖;第七,严厉打击阻碍执法行为;第八,严格落实部门监管职责。"意见"实施后迅速纯净了紫砂市场,保证了紫砂产业在良好的法制环境下健康发展。

第三节 宜兴紫砂文化产品市场集群模式

宜兴紫砂陶产业属于资源依赖型的文化产业,主要是自然资源依赖,因为宜兴地区拥有世界上独一无二的紫砂泥矿;其次是五百余年源渊流长的紫砂文化资源;第三是丰富的人才资源,当地历代名家辈出,工艺人才济济,这是其他地域无法比肩的综合资源优势。

与以往"家家制坯,户户捶泥"的情况不同的是,宜兴紫砂产业链分工十分明确,在丁蜀镇这个空间区域里众多相关企业以专业化分工协作为基础形成了一个相互共生的协作体,组成产业链型的分工协作,集生产、展示、营销、交易为一体。分别为开矿企业、炼泥企业、制壶企业、烧窑企业、销售批发市场等,并且一般以民营企业为主。

宜兴紫砂泥矿的开采以前主要在丁蜀镇的黄龙山和青龙山,至今下面还封存着宜兴紫砂一厂的4号矿。目前这里与其说是山,到不如说是坡更恰当。因大量开采和雨水的积聚,这座"坡"的许多地方已经变成一片湖泊。但在连绵起伏的山坡断层切面上,还能找到紫砂矿层的踪影。在厚实高大的岩层中，能依稀看见一条细长清晰的矿层带，泥层厚度从几十厘米至一米不等，分别呈现紫色、绿色和黄色，这就是闻名遐迩的"紫砂泥"，自然分布为三个区间，中间是紫泥（呈紫色），下层是段泥（呈绿色），上面是红泥（呈黄色）。由于多年来泥矿被盗挖不止，现在矿区已经围起了高墙，并驻守了民警和联防队。宜兴紫砂矿区目前主要在丁蜀镇周边地区。

丁蜀镇红卫开发区泥源坊是一家较大的民营紫砂练泥企业，练泥的主要顺序是挑泥（将紫砂泥根据品质进行分拣、归类）、摊晒与粉碎、练泥，手工练泥紫砂目数可达60目，机械练泥最高可达120目。

目前丁蜀镇最大的紫砂陶工艺企业仍然是宜兴紫砂工艺厂，笔者考察紫砂一厂时发现，工作人员每人面前有一张小矮桌，摆放着各种制壶工具，有木拍子、挖嘴刀、尖刀、矩车、转盘等。桌子边上有一个盖着木盖的缸，存放做到一半的紫砂壶，是用于保湿。紫砂壶的成形大致有两种：一种是拍身筒成型，主要制作圆形紫砂壶；另一种是镶身筒成形，用来制作方形紫砂壶。这两种方法均要靠传统手工制作。据资料显示：紫砂壶手工制作技艺自宋、元时代诞生，明代趋于成熟。随着技术的进步，之后出现石膏模型成形法，自1972年起，石膏模型成形工艺开始得到大力推广。

石膏模型法是先用拍子将泥片拍出大致的形状，然后放入模具中压制，仍然属于紫砂壶的"手工"工艺范畴。模型法的优点有操作简单、节省时间，比起拍身筒法，提高了生产效率，有助于扩大紫砂壶生产的规模。

20世纪50年代，宜兴紫砂工艺厂开始紫砂器制作的注浆法实验并获成功。该法是将紫砂泥浆罐入各种紫砂陶器的模型中成形，待泥浆干涸后脱模，并经手工整形后入窑烧制。注浆法操作简易、产量高、规格统一，加上电动轱辘车等新型的机械设备，传统紫砂壶的制作从那时起便有一部分进入机械化生产，成为机械复制时代的工艺产品。

然而目前宜兴紫砂器的制作基本还是保持在石膏模型法制作上，主要是紫砂商品壶。同时目前仍然还有大量分散的家庭手工业工人存在，由民间紫砂营销批发企业接定单，再下发到各家各户散落的民间家庭手艺人，同时根据定单要求向这些艺人配发紫砂泥料，由这些家庭民间艺人经石膏模型法制作完成后再行收购，一把半成品的商品壶工价在50元至80元左右，最后由批发营销商集中送窑厂烧制后发货（图4-1）。

宜兴政府引导紫砂工艺美术大师成立工作室，形成创作集群，汇聚产业名片，在紫砂产业中注重发挥大师附加值，融汇多种艺术形式创造个性化作品，打造品牌。当年笔者在丁蜀镇考察时去了研究员级高级工艺美术师、江苏省工艺美术大师凌锡苟生前工作的"日月同辉工作室"，亲眼目睹了他那把精妙绝伦的代表作"日月同辉"壶（见图典30）。

紫砂器的烧制窑炉有小型的电窑和煤气窑，其特点是烧制时间缩

图4-1 待烧制的紫砂壶

短，污染减少，劳动强度降低，生产效率提高，烧制状态的稳定性增强，适宜家庭作坊、工艺大师工作室等使用。紫砂器烧制窑炉还有大型的推板窑，目前丁蜀镇的紫砂村、尹家村、淀花村、洋渚村等都有大型推板窑窑户，这些推板窑烧制数量大，适宜营销企业大批量的批发产品的烧制。

宜兴市丁蜀镇前墅村还保留着一座明代前墅龙窑，远远望去在一个低矮的山坡上横卧着一条"巨龙"，坡脚下砌着用陶盆和砖组成的围墙，穿过用几条简单的木板做成的、古朴而随性的木门，迎面扑入眼帘的就是是明代古龙窑，似乎散发着几百年薪火相传的气息。

前墅龙窑是宜兴地区目前仍以传统方法烧制陶瓷器的唯一一座龙窑，在国内与广东佛山石湾的"南风古灶"是仅存的两座还在烧制陶瓷品的明代古窑之一。前墅龙窑，通长43.4米，窑身外壁宽约3米，内壁底部宽约2.3米，高约1.55米。窑身周围有42对投柴孔，西侧设装窑用壶口（窑门）5个。笔者考察时，窑内已经装好待烧的成品，窑口封住了。在窑身附近的投柴孔堆放有柴火，烧窑的周师傅告诉我们："现在正在用煤炭预热，一天之后会开始加柴火。整个龙窑是呈32度斜坡，火自下而上自然升温，投柴孔附近的温度最高，对窑工来说忍耐高温是长期的工作。"看到在门旁堆放着一些散落的陶器，便问周师傅龙窑烧紫砂器损坏率情况。周师傅说损坏率大概在20%左右，放在窑头和窑尾的陶器和紫砂器比较容易烧坏，在中间位置则较好，所以装窑也是门学问。

通过查阅文献和实地考察，我们得知在1000多度高温下，把龙窑不同区域的温差控制在很小的范围内，凭的完全是经验。所以，一般窑主必须是行家里手，指挥投柴人的工作，特别是在后期二十多个小时的柴烧过程中，几乎寸步不离，否则一把火不适，就会影响烧成效果。烧制时，从投柴孔观窑内颜色，根据颜色判断投柴时间和数量是老师傅的看家本事。根据经验：500℃——暗红色；700℃——鲜红色；800℃——橘黄色；1000℃——浅黄色；1300℃——白色；1600℃——无色透明。

不同的陶土，烧制的温度也跨越在160℃的区间。一般来说，紫砂泥纯度越高耐火性越好，石英、氧化铝、氧化硅含量越多耐火性越好，胶质越多耐火性越差。朱泥中的高岭土最多，石英含量则较少，所以朱泥的收缩率最高，烧成温度也最低，只在1000℃左右；本山绿泥烧制温度最高，需要达到1270℃左右。紫泥中，底槽青最耐火，烧制温度一般在1170℃—1200℃，含杂质最少，泥料中的石英、云母、高岭土、金属氧化物成分较为均衡，配比精良。

周师傅还带我们参观了火神庙，就在窑对面不远处的小平房里，庙里挂着两张画像，一张是"火神像"，一张是"范蠡像"，范蠡相传为宜兴"陶祖"（图4-2）。在每次烧窑之前他们都会到这里来祈求本次烧窑顺利。

宜兴紫砂器的销售区主要集中在丁蜀镇的中国陶瓷城，占地面积广阔，建筑气派恢弘，有上百家营销商铺、工艺作坊和工艺大师、工艺美术师工作室，形成一个实体的艺术品市场。其核心是一栋"中国陶都陶瓷艺术国际博览中心"大楼，一层展示了福建德化，浙江龙泉，湖南醴陵，河北邯郸、唐山，山东淄博、临沂，江西景德镇，广东潮州，河南禹州等地我国著名的传统陶瓷，带人走进了一个美丽的陶瓷文化世界；二楼是宜兴紫砂陶销售区和制作技艺展示区；三楼是全国各大著名陶瓷产区的大师名作和宜兴"中国工艺美术大师"、"江苏省工艺美术大师"和"江苏省工

图4-2 祭祀陶祖公和火神

艺美术名人"等介绍，成为宜兴紫砂品牌和名片，是艺术品市场集群的核心。在当前市场上，一把普通紫砂壶的价格从上百元到几千元不等，而名家大师的作品则达到几万元，甚至几十万元。

除了纵向的产业链之外，丁蜀镇还分布着一批与紫砂产业相关的企业和机构，如制作紫砂器工具企业、紫砂陶烧制的电窑、煤气窑制造企业、窑炉温度表制作企业等；另有宜兴市陶瓷行业协会、宜兴陶瓷公司、金融机构、宜兴陶瓷工业学校、中国宜兴陶瓷博物馆等。

江苏省宜兴陶瓷工业学校1959年创立，由原来的陶都工业大学、宜兴化工陶瓷中学和宜兴官林农业中学合并组成，学制3年。1980年以后学制改为4年，设有陶瓷工艺、轻工美术、轻工机械等多个专业，并配有实习工场，该校为宜兴紫砂产业培养了大批人才，当今许多高中级工艺美术师都是该校毕业或经该校培训。此外，丁蜀镇还设有宜兴陶瓷实训基地和紫砂艺术培训中心，笔者在考察时看到工艺操作台、紫砂泥料、工具、电窑一应俱全。

据宜兴市职称办、丁蜀镇人民政府、宜兴市陶瓷行业协会、宜兴市陶瓷实训基地联合编录的2011年版《宜兴陶瓷艺术人物录》统计，"专业技术职称类"目前有研究员级高级工艺美术师57人，高级工艺美术师（国家）49人，高级工艺美术师（地方）1人，工艺美术师（国家）262人，工艺美术师（地方）23人，助理工艺美术师（国家）745人，助理工艺美术师（地方）34人，工艺美术员（国家）1503人，工艺美术员（地方）16人。形成了一个紫砂产业巨大的人才库，成为艺术品创意制作的核心力量，作品多次在国际国内评比中得奖。

中国宜兴陶瓷博物馆设有"古代陶瓷馆"、"名人名作馆"、"世界陶瓷馆"、"五朵金花馆"，还配套设置48个陶艺工作室。馆内藏品近万件，常年展示2000余件（套），重视构筑源远流长的紫砂文化（图4-3）。

综合对宜兴紫砂产业的考察不难发现，其属于艺术品市场产业链

图4-3 中国宜兴陶瓷博物馆

型的创意集群模式,呈现出以紫砂器生产为核心产业的单一性特点,地域环境以乡镇为主,在丁蜀镇区域里呈散点式空间集群,整个产业集群重心侧重于紫砂艺术品生产、创意,绝大多数产品以批发的形式直接运往大中城市销售,当地产品直销比重相对较小,主要以游客为主。

第四节 宜兴紫砂文化产品市场集群的不足与思考

笔者对宜兴紫砂艺术品市场集群观察,发现存在一些不足需要进一步的思考与改进:

一、对产业集群理论研究不够

作为有着五百多年历史的紫砂文化产业,对其理论研究基本停留在传统的历史、文化、技艺、材质、名家、名品等方面的研究著述。而将其作为文化产业发展实践,理论研究与实践探索还很不够,尤其是对我国政府倡导的文化产业集群发展战略的研究重视不够,这将会影响到宜兴紫砂产业可持续发展。

二、紫砂基础技术的科技研究减少

随着20世纪80年代后期股份制改革后,宜兴生产紫砂器的国有大企业几乎不存在,取而代之的是为数众多的中小企业和个人作坊。虽然聚集在丁蜀镇这个紫砂产业集群区内,但大部分中小企业由于其经济实力的原因,投入到科技研究的资金少了,更没有足够的资金去支撑大型的研究项目。虽然紫砂壶造型不断被创新,但炼泥和烧窑的方法等基础技术研究投入不足,导致其基础技术的创新停滞,这也将会影响到宜兴紫砂产业的可持续发展。

三、行业内部规范还需进一步加强

随着紫砂产业的繁盛,商家们为了高额利润,以次充好、仿冒大师产品蒙骗消费者的事时有发生。但更令人关注的是职称造假、大师代工壶和恶意炒作名家壶价的现象还时有所闻。

因此如果不能进一步加强行业规范建设,紫砂产业有可能会被消费者冷落而陷于低迷。

四、悠久的紫砂历史文化立体展示不够

有一位朋友曾这样对笔者说:"我还以为紫砂壶的壶身是将紫砂泥捏成团后把中间挖空形成的。"笔者在一笑之余也感到宜兴紫砂历史文化的立体展示还不够。应当在集群体内设置紫砂器制作技艺表演与消费者体验活动,并将消费者制作的作品入窑烧制后寄送消费者;其次可以在目前已拦成围墙的黄龙山原宜兴紫砂工艺厂4号矿遗址上,建立紫砂泥自然博物馆,充分展示紫砂泥自然形态和练泥过程,以及制作数字化演示平台,重现历代泥工开挖紫砂泥的情形。在目前已有的紫砂文化历史展示的基础上,进一步丰富展示手段,并与文化旅游结合,以期衍生紫砂文化产业链。

五、紫砂艺术品市场集群应当引入文化旅游项目

在丁蜀镇应当设置文化旅游公交专线，将中国陶瓷城、中国宜兴陶瓷博物馆、黄龙山紫砂原矿区、明代前墅龙窑、宜兴紫砂厂连接成一条文化旅游专线；同时利用宜兴丰富的历史、自然、人文景观形成宜兴文化大旅游区，如以"世界三大奇洞"之一善卷洞为主的善卷历史文化景观区、张公洞景区、灵谷洞景区、慕蠡洞景区、玉女潭景区、竹海风景区、龙池山风景区等，带动区域经济的发展。

六、尽快建立完善紫砂泥行业和国家标准

积淀着浓郁传统文化的紫砂壶发展到今天，应该到了制定一个公开、统一、权威和被公认的国家标准的时候了，以杜绝无谓的争论或误解，增强消费者对紫砂泥的信任，以保护这一有着悠久历史和文化内涵的优秀文化产业，并有益于紫砂器的国际贸易发展，这在紫砂器艺术创作上也并不影响生产者发挥艺术个性和创造力。同时，行业标准要进一步完善。而建立完善紫砂泥行业和国家标准切忌行业单独立法，应由科研机构、消费者协会、收藏协会、行业协会等共同参与，并有严格的立法程序作保障，才能真正做到权威与受到公认。

据笔者了解，紫砂陶在宜兴的经济领域中并不是主角，因为从当地政府的角度看来，紫砂对于宜兴财政的贡献十分有限，但它却是个"富民产业"。丁蜀镇及其周边乡镇从事紫砂及相关产业的不下20万人，民间作坊上万家。作为一种传统手工技艺，紫砂经历了从民间艺人制壶卖壶，到国营厂集中生产，再回归到民间作坊、大师工作室的发展阶段，传承着悠久的紫砂历史文化，成为从民族文化资源到文化产业的一张亮丽的名片。

附录 历代紫砂壶的鉴定与保养

第一节 紫砂壶作伪手法

早在19世纪中叶和20世纪初期,曾一度出现过摹仿名家名壶的热潮,其作伪方法有三种:①按照名人的传世名壶进行摹仿复制;②根据紫砂壶史籍记载的品名,但没有存世或出土实物相印证,于是通过艺匠臆测构思、设计制作;③将一些品位高雅、工艺精致、形式完整的所谓高档紫砂名壶,签署历代各名家的名款或伪仿印章加戳于壶上。

20世纪80年代末到90年代初,随着紫砂壶之热潮在港台地区和东南亚地区掀起,作伪之风再度盛行。所有这些赝品作伪的手法最常见的是新壶做旧。新壶表面因为都有一层新器的光泽,因此去除这层光泽并作为旧壶出售就成了作伪者主要考虑的问题,其使用的方法一般有以下几种:

一是将新壶放入浓重的红茶汤中煮烧,过一段时间拿出,待干燥后再投入茶汤中,这样反复煮烧几次达到除去新光的效果。经过处理的新壶表面滞涩黯然,俨然成了一把包浆浓郁的老壶。

二是用茶叶、糯米、盐（各为一把左右的量）用炖粥似的温火加温煮煎约一小时，使调合汁吸入壶胎，褪去新光，达到作旧的目的。

三是将新壶埋在地下，使新壶在地下水和土质(酸性或碱性)的作用下自然褪去光泽，这是借用青铜器、瓷器、玉器作假的一种方法。

四是在新壶上擦拭同色的皮鞋油，鞋油吸附在紫砂壶表面，掩盖壶的新光。由于鞋油色泽调配得与壶色一致，所以很像老壶。但有皮鞋油味，目前作旧者已很少使用。

五是用浓茶汁、食油、酱油、醋、糖调合在一起，涂抹新壶表面作旧。但用手触摸，壶的表面油腻。因成本低廉、手法简单，目前低档仿制品多用此法，售价一把壶50元至100元不等。

第二节 历代紫砂壶的鉴定

紫砂壶的鉴定有五个方面：看泥料、看造型、看工艺、看款识和看装饰。

一、泥料

在鉴别紫砂泥之前，首先需要了解宜兴陶器的主要原料，主要有以下几种：

1.白泥

白泥是生产砂锅、煨罐、彩釉工艺陶的主要原料，原泥呈灰白、桃红、象牙等色。经淘漂压滤后，表面细腻光亮，烧成以后呈象牙色泽。

2.嫩泥

嫩泥颜色有浅灰色、淡黄色、黄红色等。因这种泥风化程度好，质地较纯，具有比较好的可塑性和结合能力，可以保持日用陶器成型性能及干坯强度，所以它是日用陶器中常用的结合粘土。

3.甲泥（夹泥）

这种泥类很多,按颜色和硬度的不同,分别冠以产地名称。有本山甲泥、东山甲泥、涧众甲泥、西山甲泥等。颜色有紫红色、紫青色、浅紫色和棕红色。甲泥是制作日用陶器中的大件产品及小件注浆产品必不可少的原料。

4.紫砂泥

紫砂泥是制作紫砂壶的主要原料,其深埋于甲泥中,因此有"泥中泥"之称。紫砂泥料主要矿物为石英、云母、粘土赤铁矿等组成,并形成共生团粒结构。在烧制过程中又形成双重气孔结构,既能使紫砂壶不渗水,而且保持良好的透气性,又起到隔热保温作用。

紫砂泥分为紫泥、红泥和本山绿泥三种本色泥。其中紫泥中最好的泥是"底槽青",还有"红皮龙",烧制后色呈暗红色,但与红泥有别。红泥中最好的是朱泥,原矿色呈黄色,烧制后呈红色。绿泥中有"本山绿泥",原矿呈青绿色,色泽深沉,烧制后色呈淡黄色。在原料加工处理过程中,还有将几种原料进行配色,由于调配原料各有"秘方",从而出现了紫砂泥的色泽中朱有浓淡、紫有深浅、黄有老嫩的现象,还有类似木纹一样的"绞泥"等,这些都俗称为"配制泥"。

另外还有一种自然配制泥:团泥(段泥),由紫泥和绿泥自然混杂共生,原矿色呈青绿,烧制后呈淡黄至老黄色。

紫砂泥开采后还需要粉碎、练泥,历代练泥长期停留在"手捶脚踏"的状态,精度与时代特点明显,明代因练泥较粗,壶表面粗糙而缺乏光泽,而清代练泥技术提高,泥质细腻,制成的紫砂壶又经长期把玩,表面有很好的包浆。明代紫砂泥的目数(目数是指每平方英寸内的孔数,可代表泥料的精炼程度)为26目至35目;清代前期约为35目,清中期为55目至60目;现代手工制泥为60目,但目前最大的机械练制泥可达100目至120目。同时,不同时代的矿脉也各有特点、色相、颗粒度和光泽肌理也不一样。

2003年开始,国家将原属宜兴紫砂一厂四号矿禁止开采,使得目前市场上的紫砂产品采用地上原料（离地面约4米左右），可"明掘"取得，然后分拣筛选，并进行各种练制，产生诸多颜色的泥料。

二、造型

明代紫砂壶造型多以筋囊式、方形、圆形为主，体形较大，壶嘴较长，呈三弯式较多，壶把较宽松，整体造型粗犷厚重；清代紫砂壶壶体较小，壶嘴短而略弯，壶把为耳式；民国紫砂壶仿古较多，对前人器型略加变化。"文革"时期的紫砂壶沿袭传统模式，不落款，题有革命口号，有印花纹饰。当代紫砂壶款式多样化，子口较宽。

三、工艺

明代手工捏制做壶，壶内壁有手指纹痕迹；而木模制壶壶身与壶颈连接不够光滑、平整。从烧制来看，明代装烧紫砂壶是套在缸瓮中一起烧成的，而缸瓮的釉料烧溶后会掉在紫砂壶上，这是明代紫砂壶的重要特征。另外，明清时期紫砂壶是在龙窑中用松柴烧制，有时候温度不够使紫砂壶没有完全烧结，成品成色和声音均不佳。

明清时期制作的紫砂壶出水口为单孔（图5-1），民国时期开始出现

图5-1 晚清紫砂壶单孔出水口

图5-2 民国时期紫砂壶三眼网孔出水口

三眼孔（图5-2）和排孔（图5-3），但较简单。20世纪70年代，由于紫砂壶外销日本，出现了网球孔。

当代制作紫砂壶工艺中有一种注浆壶，即在石膏模型中注入紫砂泥浆，成型后脱模，再稍加修正即可，但手感轻、壶面十分光滑，不见紫砂颗粒。

四、款识

明代常将款识刻在壶底和把下，清代还在壶盖内刻款；清末又在壶把上加印记。目前的紫砂壶有两种情况，一是真款假壶，即由一般艺匠做好后再盖上名家的款，称"代工壶"；另一种则是完全的假款假壶，即为仿制壶。

图5-3 民国时期排孔出水口

五、装饰

明代紫砂壶多为"光货"，与明代家具一样追求简洁、注重内涵，也有少量贴花、堆花、印花、雕漆（剔红）等装饰。而清代追求华丽，装饰繁复，主要装饰方式有刻诗刻画；上炉钧釉、上粉彩、包锡、镶铜锡、包漆描金等。民国时期紫砂装饰手法很多沿用了明清艺术形式，但质量有所下降。

第三节 紫砂壶的保养

紫砂壶的保养称为养壶。将壶养好，茶叶能更加芳香，紫砂壶亦能焕发出自然的光泽和油润的手感。养壶首先要小心使用,以保持壶的完整。紫砂壶在泡茶前,先用沸水冲烫一下再泡。饮完茶后,将茶渣倒掉,并用热水涤去残汤,保持壶内的清洁。无论对新壶或旧壶,都应经常清洁壶面,并常用手或柔软的布料擦拭,这样有利于紫砂泥质的滋润光滑。长此以往,更会使壶的主人与壶产生感情,平添品茗的无限情趣。

宜兴窑紫砂器标本图典

图1　宋代　紫砂器残件

图2　明代　"供春壶"

图3 清乾隆 炉钧釉紫砂壶

图4　清乾隆　御制诗紫砂壶

图5　清代　邵大亨制"仿古壶"

图6 清代 邵大亨制"掇球壶"

图7 清代 陈鸣远制"砂虚扁壶"

图8　清代　陈鸣远制回纹小水盂

图9　清代　陈鸣远制"松段壶"

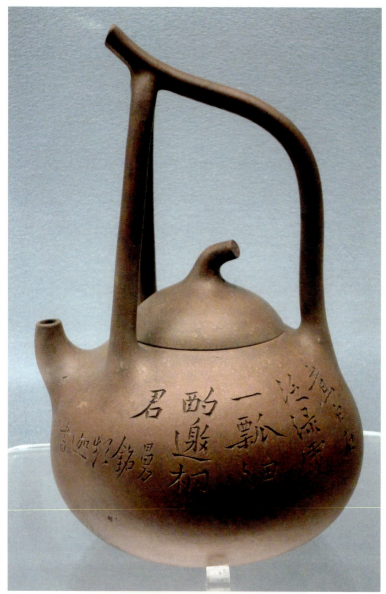

图10　清代　陈曼生款"提梁壶"

图11 清代 陈曼生制"半瓦当壶"

图12 清代 黄玉麟制"鱼化龙壶"

图13 清代 黄玉麟制四方铺砂壶

图14 清代 邵友廷制"一粒珠壶"

图15　清代　邵友廷制"矮蛋包壶"

图16　清代　杨凤年制"风卷葵壶"

宜兴窑紫砂器标本图典

图17 清代 杨凤年制"梅段壶"

图18 清代 杨凤年制"竹段壶"

图19 清道光 瞿子冶制"竹纹石瓢壶"

图20 清代 邵旭茂制四方壶

图21 清代 锡包紫砂镶玉壶

图22 清代 "竹段壶"

图23 清代 粉彩开光花卉紫砂壶

图24 宋元时期 仿钧窑方瓶

图25 明清时期 象耳钧釉瓶

图26 清代 海棠钧釉直形瓶

图27　民国　朱可心制"高梅桩壶"

图28　当代　顾景舟制"大石瓢壶"

图29　当代　蒋蓉制"荷叶壶"

图30　当代　凌锡苟制"日月同辉壶"

主要参考文献

1. 刘汝醴编著：《宜兴紫砂史》，江苏省宜兴陶瓷公司1978年油印本。
2. 吴山主编：《中国紫砂辞典》，江苏美术出版社2007年版。
3. 南京大学文化与自然遗产研究所、宜兴市文化广播电视出版局、江苏省城市规划设计研究院编著：《陶都文化探胜——宜兴市文化遗产资源保护与继承研究》，文物出版社2009年版。
4. 刘汝醴、吴山著：《宜兴紫砂文化史》，浙江摄影出版社2000年版。
5. [明]沈德符撰：《万历野获编》，中华书局1959年版。
6. [明]文震亨著，海军、田君注释：《长物志图说》，山东画报出版社2004年版。
7. [明]谢肇淛撰，郭熙途校点：《五杂俎》，辽宁教育出版社2001年版。
8. 程启坤等著：《陆羽<茶经>解读与点校》，上海文化出版社2003年版。
9. 《中国陶瓷名著汇编》，中国书店1991年版。
10. 吴龙辉主编：《煮泉小品——品茶艺术经典》，中国社会科学出版社1993年版。
11. 熊廖、熊微编著：《中国陶瓷古籍集成》，上海文化出版社2006年版。
12. 何新所辑注：《钧瓷历史文献辑注》，学苑出版社2012年版。
13. 韩其楼编著：《紫砂壶全书》，华龄出版社2006年版。
14. 韩其楼编著：《紫砂古籍今译》，北京出版社2011年版。
15. 中国硅酸盐学会主编：《中国陶瓷史》，文物出版社1982年版。
16. 马骋、吴桥著：《艺术品市场与集群发展——从民族文化资源到文化产业》，上海人民出版社2013年版。
17. 马骋编著：《文物鉴定实务——以市场体系文物辨识为中心》，上海大学出版社2010年版。
18. 严克勤著：《仙骨佛心——家具、紫砂与明清文人》，三联书店2009年版。
19. 佛陶居文：《宜兴紫砂壶的外销史》，来源：互联网。
20. 马骋、李剑敏编著：《中国名窑地图》，上海文化出版社2005年版。

后　记

　　中国名窑遗址丛书之《宜兴窑》卷终于可以交稿了，成书过程中，钱伟先生的初稿已成，交与我合成之际，我突发眼疾经过漫长的一年半的手术治疗，耽误了出版计划，幸亏丛书主编马骋先生鼎力相助，玉成此书。如有各类差错，多由我之过。还是那句话，本书从我们的撰写目的而言还是面向文化产业管理专业的学生的，所以与坊间的诸多关于紫砂器的书籍有很大不同，还望同道同好诸君子多提宝贵意见，共同促进物质文化产业的大发展。

吴　桥

2015年10月于华东政法大学松江校区